Moritz Rosenthal

Das Monster im Blick

Moritz Rosenthal

Das Monster im Blick

Die Repräsentation des Femininen im Horrorfilm

MÜHLBEYER
FILMBUCHVERLAG

Bibliografische Information der Deutschen Nationalbibliothek:
Die Deutsche Nationalbibliothek verzeichnet diese Publikation in der Deutschen Nationalbibliografie; detaillierte bibliografische Daten sind im Internet über http://dnb.d-nb.de abrufbar.

Inh. Harald Mühlbeyer
Frankenstraße 21a
67227 Frankenthal
www.muehlbeyer-verlag.de

Lektorat, Gestaltung: Harald Mühlbeyer
Umschlagbild: PHANTOM OF THE OPERA (1925), © absolut MEDIEN Gmbh
Umschlaggestaltung: Steven Löttgers, Löttgers-Design Birkenheide

ISBN: 978-3-945378-05-2
Druck: BoD, Norderstedt
Printed in Germany

Inhalt

Einleitung

»A glimpse into the world proves that horror is nothing other than reality.«

Alfred Hitchcock

Für einen Cineasten gibt es nur wenige Wege, den Einstieg in eine wissenschaftliche Arbeit zu wagen, die sich mit dem Themenfeld des Horrorfilms beschäftigt. Die meisten Wege führen über Alfred Hitchcock. Hitchcock ist einer der stilistisch einflussreichsten Regisseure der Filmgeschichte und gilt als das Aushängeschild des Autorenfilms. Seine Schaffenskraft, die er vor allem im Genre des Thrillers und Horrorfilms ausgelebt hat, wird Regisseure und die Motive des Genres noch über Generationen beeinflussen. Daher erstaunt es nicht, dass der Altmeister die Essenz – und zugleich die Faszination, die von »Horror« ausgeht – so treffend in einem einzigen Satz zusammengefasst hat. Ein Aspekt dieser Arbeit wird es sein, die Wirkrichtung seiner Aussage zu überprüfen und zu hinterfragen, ob ein Umkehrschluss vom Horrorfilm auf die Realität möglich ist. Genügt ein flüchtiger – oder auch ausführlicher – Blick (Laura Mulvey würde den Begriff »Gaze« verwenden[1]) in den Horrorfilm, um Rückschlüsse auf die Realität samt ihrer komplexen sozialen, politischen, kulturellen, religiösen etc. Strukturen zu ziehen?

Ein nicht unwesentlicher Teil dieser Arbeit wird sich mit der Herausarbeitung des filmischen Monsters beschäftigen. Das Motiv des

1 Vgl. Albersmeier, Franz-Josef [Hrsg.]: Texte zur Theorie des Films. Stuttgart 1979, S. 389 ff.

Monsters ist kulturübergreifend und so alt wie die Menschheitsgeschichte selbst[2]. Jedem in der westlichen Kultur sozialisierten Menschen ist der reiche Sagenschatz der antiken Römer und Griechen bekannt, der eine Fülle von monströsen Sagengestalten bietet. Aber auch aus dem arabisch-islamischen Kulturkreis sind uns z. B. in Form der Geschichten aus »Tausendundeiner Nacht«, die wiederum ihre Wurzeln in der indischen Kultur haben, zahlreiche Geister, Dschinns und andere Erscheinungsbilder des »Monsters« überliefert. Die Behauptung, dass das »Monster« in allen gesellschaftlichen Kulturen auftaucht, ist daher nicht gewagt, sondern evident. Ein wacher Verstand und die jüngere feministische Forschung offenbaren ein interessantes Phänomen – die Verschränkung von Weiblichkeit und dem Monströsen[3]. In der griechisch-römischen Mythologie zeigt sich diese Verbindung beispielhaft an zahlreichen fantastischen Wesen: Sirenen, die ahnungslose Seefahrer betören, Amazonen, die mit ihrer (aggressiven) Erotik Männer in Fallen locken, die verschiedenen Formen der Medusa, deren reiner Anblick ausreicht, um Männer in Stein zu verwandeln. Die Psychoanalytikerin Barbara Creed, deren Thesen in Bezug auf den Horrorfilm in einem eigenen Kapitel vorgestellt werden und die einen zentralen Teil der Arbeit ausmachen, greift in ihrem einflussreichen Buch *The Monstrous-Feminine* solche »gendered monster« auf, um anhand dieser weiterführende Aspekte geschlechtlicher Monstrosität zu erläutern. Ähnlich alt wie das Monster selbst ist die menschliche Angewohnheit, das Unbekannte, Unerklärliche, Monströse in Narration zu verpacken, eine kulturelle Funktion, die sich in der Person des Geschichtenerzählers manifestiert, die wiederum viele Ge-

2 Vgl. Creed, Barbara: The Monstrous-Feminine. Film, Feminism, Psychoanalysm. London 2007, S. 1.

3 Ebd.

sichter besitzen kann: Vom Dorfschamanen über den Gothic Novel-Autor bis hin zum Horrorfilmregisseur und natürlich seinem Produkt, dem Horrorfilm.

Die zentrale Frage der Arbeit ist es, auf welche Art und Weise Aspekte des Femininen im Horrorfilm repräsentiert werden. Adorno und Horkheimer haben in ihren Arbeiten zur Kulturindustrie die kritische These aufgestellt – auf pragmatische Art ausgedrückt –, dass die einzelnen Phänomene der Massen- bzw. Popkultur dazu beitragen, eingefahrene, statische, konservative, patriarchalische und somit auch zu kritisierende Strukturen zu manifestieren[4]. Geht man von der Prämisse aus, dass Horrorfilme ein Bestandteil der Popkultur sind, stellt sich in Hinblick auf das Thema der Arbeit die Frage: Tragen Horrorfilme dazu bei, patriarchalische, anti-feministische Strukturen zu verfestigen oder besitzen Horrorfilme vielleicht sogar progressive Ebenen, die dabei helfen, die Stellung der Frau in der (westlichen) Gesellschaft zu verbessern?

Körper in Horrorfilmen bewegen sich auffallend oft entlang der Grenzen großer Dichotomien, die sie häufig zu beugen oder gar zu brechen wissen[5]. Besonders offensichtlich ist diese Eigenschaft am Körper des »Monsters«, das fast immer als Grenzwesen in Erscheinung tritt. Der Werwolf bewegt sich entlang der Dichotomie Mensch/Tier, ein Zombie ist weder lebendig noch tot und das »klassische Monster« oft androgyn. Die Feministin Donna Haraway hat für derartige Dichotomien den Begriff »The Great Devides« geprägt[6]. Neben der Dichotomie Mensch/Tier fallen darunter auch die Gegensatzpaare Natur/Kul-

4 Vgl. Theodor W. Adorno: Résumé über Kulturindustrie. In: Pias, Claus [Hrsg.]: Kursbuch Medienkultur: Die maßgeblichen Theorien von Brecht bis Baudrillard. München 2008, S. 205ff.

5 Vgl. Shelton, Catherine: Unheimliche Inskriptionen. Eine Studie zu Körperbildern im postklassischen Horrorfilm, 2008 Bielefeld, S. 320ff.

6 Vgl. Haraway, Donna: When Species Meet. Minneapolis 2008, S. 4.

tur, organisch/technisch und letztendlich natürlich Mann/Frau, das wiederum mit aktiv/passiv konnotiert ist; ein Aspekt, der sehr wichtig für den Horrorfilm und die vorliegende Untersuchung ist. Laut Derrida wohnen solchen binären Gegensatzpaaren oder Dichotomien generell eine Machtbeziehung inne, die eine der beiden Seiten als die dominante determiniert[7]. Überträgt man sein philosophisches Konzept auf den Filmdiskurs, ergibt sich daraus ein interessanter Umstand: Obwohl die weiblichen Protagonistinnen des Horrorfilms oftmals als passiver Spielball männlicher Gewalt inszeniert werden und damit die schwache Hälfte der Dichotomie einnehmen, haben jüngere Marktforschungen[8] und qualitative Studien[9] ergeben, dass Frauen trotzdem einen nicht zu marginalisierenden Teil des Publikums von Horrorfilmen stellen. Worin besteht also die Faszination für Frauen, sich Horrorfilmen auszusetzen, obwohl das eigene Geschlecht – auf den ersten Blick – gar nicht gut in diesem Genre wegkommt? Vor allem in 3.3 und 3.5 soll versucht werden, den progressiven Elementen des Horrorfilms nachzuspüren.

Im zweiten Kapitel meiner Arbeit möchte ich in zwei Unterkapiteln einen Überblick sowie eine kurze Definition über die beiden elementaren Begriffe »Genre« und »Horror« geben, um überhaupt ein Gefühl dafür zu vermitteln, was man unter einem Horrorfilm zu verstehen hat und wo seine (durchaus porösen) Grenzen liegen. Obwohl das »Genre« nach anfänglicher Vernachlässigung mittlerweile kontrovers diskutiert wird, gibt es in der Literatur bisher keine konsenstragende Definition. Daher werden hier nur die populärsten Definitionen umris-

---

7 Vgl. Stuart Hall: Ideologie, Identität, Repräsentation. Ausgewählte Schriften 4, Hamburg 2004, S. 118f.

8 Vgl. GfK-Zahlen in: Key Facts Videokaufmarkt Bericht (Dezember 2011).

9 Vgl. Wrage, Solveig: »Liebesfilme sind halt so unrealistisch«. Der Horrorfilm und seine Zuschauerinnen: Eine qualitative Studie über Bedeutung und Faszination des Horrorfilms für sein weibliches Publikum. Stuttgart 2012.

sen. Ein weiteres Unterkapitel über das Affektpotential des Horrorfilms dient dazu, die herausragende Stellung des Horrorfilms zu erläutern. Dabei wird der von Linda Williams geprägte Begriff der »Body Genres« eine wichtige Rolle spielen, der Filmgenres beschreibt, die auf den Körper des Rezipienten eine besonders hohe somatische Affektwirkung ausüben. Eine Besonderheit dieser von der Literatur mittlerweile vermehrt untersuchten Genres besteht darin, dass die Frau bzw. das Feminine in ihnen eine zentrale Rolle einnimmt. Der Oberbegriff der Body Genres soll daher also als Brückenschlag zur Annäherung an den Horrorfilm und die zentrale Fragestellung der Arbeit dienen.

Anschließend folgt der Hauptteil der Arbeit, in dem ich die zentralen Positionen und Thesen der feministischen Filmforschung in Hinblick auf das Horrorgenre vorstelle. Da es mittlerweile eine überraschend große Fülle an Untersuchungen gibt, konzentriere ich mich auf die vier wichtigsten Theoretikerinnen, die als Vorreiterinnen gelten und deren Arbeiten am häufigsten von anderen Autoren referenziert werden[10]: Laura Mulvey, Linda Williams, Carol J. Clover und Barbara Creed. Die Abfolge der Sub-Kapitel zu diesen Autorinnen ist nicht chronologisch strukturiert, sondern orientiert sich an der Regressivität und Progressivität der jeweiligen vertretenen Positionen. Während Laura Mulvey in ihrem ursprünglichen Essay *Visual pleasure and narrative cinema* dem Horrorfilm unter feministischen Gesichtspunkten noch ein sehr negatives Zeugnis ausstellt, sieht Barbara Creed die Situation in *The Monstrous-Feminine* bereits deutlich positiver. Natürlich darf man nicht übersehen, dass sich die einzelnen Thesen zum Teil über-

10 Das hat sich einerseits als subjektives Gefühl während der Recherche eingestellt, andererseits werden die Autoren erstaunlich oft in einem Zusammenhang genannt, wie z. B. in Shelton, Catherine: Unheimliche Inskriptionen. Eine Studie zu Körperbildern im postklassischen Horrorfilm. Bielefeld 2008, S. 19.

schneiden und aufeinander Bezug nehmen. Als Hilfskonzept wird in einem Exkurs Julia Kristevas Abjekttheorie umrissen, die für das Verständnis der Thesen Barbara Creeds elementar ist. Im Anschluss an die Vorstellung dieser Gendertheorien werden Creeds Thesen auf ein Filmbeispiel angewendet. Aus der Gesamtheit der vorgestellten Positionen ergibt sich im Rahmen des Umfangs dieser Arbeit ein Überblick über den aktuellen Stand der Forschung.

Einführung zum Horrorfilm

Problematik und Definition von »Genre«

Der Begriff Genre, der mittlerweile Einzug in die Rhetorik, Literaturwissenschaft, Medienwissenschaft und Linguistik gehalten hat, entstand aus dem französischen Wort für »Art« oder »Klasse«. Zunächst wurde der Begriff dazu benutzt, literarische Werke zu klassifizieren. Seit klassisch-antiker Zeit nutzt man die grobe Unterteilung von Schriftkunst in Lyrik, Epik und Drama, auf die wiederum zahlreiche Sub-Genres folgen[11]. Dieses Klassifikationsmodell, das sich bei näherer Betrachtung natürlich noch in feinere Bezeichnungen wie z. B. Gattung, Stil, Epoche aufgliedert, wird in allen Ausprägungen der Kunst genutzt. Dem britischen Semiotiker Daniel Chandler[12] zufolge neigen zeitgenössische Mediengenres dazu, »sich mehr auf bestimmtere Formen zu beziehen und weniger auf Universalien wie Tragödie und Komödie«[13]. Für das Medium Film bedeutet dies, dass eine unüberschaubare Vielzahl an Genres und Sub-Genres vorherrscht, von der nur ein Teil aus wissenschaftlicher Reflexion heraus entstanden ist. Manche Genres existieren sogar nur als »stumme« Konstruktion im Kopfe des

11 Vgl. Chandler, Daniel: Einführung in die Genre-Theorie S. 1. Online: http://antville.org/static/molochronik/files/chandler_genre.pdf. Ins Deutsche übersetzt von Alexander Müller (letzter Zugriff: 24.11.2013)

12 Daniel Chandler erkannte schon in den frühen 90ern das Kommunikationspotential des Internets in Hinblick auf akademische Texte. Viele seiner Essays und Arbeiten sind ausschließlich als Online-Ressource verfügbar. Er vertritt die Position des »open access« und versucht mit Hilfe des Internets eine maximale Verbreitungsreichweite für seine Thesen zu erreichen. Daher greife ich im Folgenden ebenfalls auf eine Internet-Quelle zurück.

13 Chandler, Daniel: Einführung in die Genre-Theorie, S. 1.

Rezipienten, was bedeutet, dass zwar die Vorstellung einer bestimmten Art der Narration, Mise-en-scène, Kameranutzung oder sonstiger Konventionen existiert, für die aber bisher keine Genre-Bezeichnung generiert wurde[14]. Einen Grund für diesen hohen Grad der Ausdifferenzierung sehen Chandler und andere Theoretiker unter anderem in der heutigen Komplexität einer modernen Mediengesellschaft. Die Anzahl an Genres in einer Gesellschaft hängt von ihrer Komplexität und Ausdifferenzierung ab[15]. Auf einer Metaebene betrachtet, werden mit Hilfe des Begriffs »Genre« also Kunstgattungen unter Berücksichtigung verschiedenster stilistischer, räumlicher und zeitlicher Ausprägungen klassifiziert. In der Literatur werden Filmgenres häufig als »Ordnungs- und Orientierungsprogramme« bezeichnet, die im Austausch zwischen Produktions- und Rezeptionsseite entstehen – eine relativ schwammige Definition, die ausreichend Raum zur Interpretation offen lässt[16]. Trotz des Definitionsspielraums hat sich der Genrebegriff als unerlässliches Hilfsmittel erwiesen: Durch Filmgenres können tendenziell grundlegende Gesetzmäßigkeiten (z. B. schauspielerische oder künstlerische Muster) klassifiziert werden, die es dem Rezipienten ermöglichen, bereits vorab Rückschlüsse auf Inhalt und Struktur des Films zu ziehen[17]. Ohne diesen Mechanismus wären z. B. kostspielige Filmproduktionen wie die sogenannten »Blockbuster« gar nicht möglich, da das Produktionsstudio die Reichweite des Films nicht abschätzen und somit kostendeckend kalkulieren könnte.

Bei der Erstellung einer hierarchischen und einheitlichen Taxonomie von Genres ergeben sich verschiedene Probleme. Laut Chandler

14 Vgl. Ebd., S. 1.
15 Vgl. Ebd., S. 1.
16 Vgl. Kammerer, Ingo: Film - Genre – Werkstatt. Textsortensystematisch fundierte Filmdidaktik im Fach Deutsch. Baltmannsweiler 2009, S. 105.
17 Vgl. Friedewald, Dennis: Die Macht des Kinos. Filmgenres und Beobachtungen zu deren Rezeptionsgeschichte. Marburg 2007, S. 36.

gibt es grundlegende theoretische Uneinigkeiten über die Definition bestimmter Genres, eine »neutrale« oder »objektive« Klassifizierung kann per se nicht stattfinden[18]. Das erste Problem stellt sich in der uneinheitlichen Verwendung des Überbegriffs »Genre«.

> »Was für den einen Theoretiker ein Genre ist, mag für den nächsten ein Untergenre oder sogar ein Übergenre sein (und sogar: was für den einen Theoretiker Technik, Stil, Modus, Formel oder thematische Gruppierung ist, wird von einem anderen als Genre angesehen)«[19].

Es ist schwierig, ein einheitliches Inventar an Bedingungen und Kategorien zu entwickeln, um Filme hinreichend zu klassifizieren. Es bietet sich eine Vielzahl an Kriterien und Bedingungen, nach denen eine Gruppierung erfolgen kann: Inhalt des Themas, Stil (z. B. deutscher Expressionismus), Reihe (z. B. »James Bond«), Struktur (Narration), Land, Zeit, Drehbuchautor, Regisseur, technisches Verfahren (z. B. CinemaScope-Filme) etc.[20] Die diskursführenden Theoretiker gewichten die genannten Kriterien dabei sehr unterschiedlich und stehen sich in Aspekten ihrer Theoriekonstrukte nicht selten konträr gegenüber. Der amerikanische Filmwissenschaftler David Bordwell zieht in Hinblick auf dieses Problem das Fazit, dass man sagen kann, »dass keine Anordnung zwingender und hinreichender Bedingungen ein Genre derart klar von Gruppierung anderer Art so abgrenzen kann, dass alle Experten oder das gewöhnliche Filmpublikum dem zustimmen können«[21].

Im Hinblick auf den Horrorfilm lässt sich diese Problematik wohl am besten beispielhaft am Regisseur Alfred Hitchcock veranschaulichen. Einerseits lassen sich die meisten seiner Filme im Genre des

---

18 Vgl. Chandler, Daniel: Einführung in die Genre-Theorie, S. 2.
19 Ebd., S. 2.
20 Vgl. Ebd., S. 2.
21 Vgl. ebd., S. 2.

Thrillers oder Horrorfilms ansiedeln, andererseits hat es sich aufgrund seines Genies und seiner stilistischen Eigenheiten etabliert, vom »Hitchcockfilm« zu reden. Es stellt sich also erneut die Frage, welches der möglichen Kriterien das Schwerwiegendere ist, eine Frage, die vor allem in Hinblick auf den Autorenfilm kontrovers diskutiert wird.

Laut Chandler neigen zeitgenössische Theoretiker dazu, »Genres« mit Hilfe zweier sich ähnelnder Techniken zu beschreiben. Eine Möglichkeit ist es, Genres anhand von »Familienähnlichkeiten«[22] zu gruppieren. Dieser Ansatz arbeitet ebenfalls mit einem Kriterienkatalog, geht aber davon aus, dass ein Film niemals alle charakteristischen Merkmale eines Genres besitzen kann[23]. Dieser semiotische Ansatz, der Filme als Texte begreift, vermeidet es also, den Kriterienkatalog zu eng zu ziehen, und lässt Raum für individuelle Erklärungen: Ein Konzept, das sich auch zur Klassifizierung von Horrorfilmen zunehmender Beliebtheit erfreut und sich langsam als Standard durchsetzt. Der andere Ansatz geht von dem psycholinguistischen Konzept der Prototypenhaftigkeit aus. Demzufolge gibt es Filme, die grundlegendere und essentiellere Vertreter des ihnen zugeordneten Genres sind als andere Filme desselben Genres. Meist (aber nicht immer) sind diese Prototypfilme kommerziell extrem erfolgreiche Glückstreffer, die sich strukturell stark von bereits etablierten Genres abheben können[24]. Demnach sind auch nach diesem Konzept Genres keine abgeschlossenen Kategorien, sondern besitzen durchlässige Grenzen und sind interpretierbar[25].

22 Diesen Begriff prägte ursprünglich der Sprachphilosoph Ludwig Wittgenstein. Das Konstrukt der Familienähnlichkeit soll dazu dienen, sich den Eigenschaften von Begriffen anzunähern, die mit einer taxonomischen Klassifikation nicht ausreichend erfasst werden können.
23 Vgl. Chandler, Daniel: Einführung in die Genre-Theorie, S. 4.
24 Vgl. Friedewald, Dennis: Die Macht des Kinos. Filmgenres und Beobachtungen zu deren Rezeptionsgeschichte. Marburg 2007, S. 37.
25 Vgl. Chandler, Daniel: Einführung in die Genre-Theorie, S. 4.

Obwohl der Horrorfilm lange Zeit als »Rand- oder Nischengenre« marginalisiert wurde, lassen sich auch hier zahlreiche dieser kommerziell extrem erfolgreichen »Prototypenfilme« von teilweise merkbar unterschiedlicher Machart finden, die noch heute genrebestimmend sind. Titel wie Halloween (1978), A Nightmare on Elm Street (1984) und The Texas Chain Saw Massacre (1974) konnten ein Vielfaches ihres Budgets wieder einspielen[26] – trotz anfangs vernichtender Kritiken. Nicht nur im Sub-Genre des Slashers begegnet uns dieses Phänomen. Mit George A. Romeros Martin (1976) und Philip Ridleys The Reflecting Skin (1990) – beide Filme werden dem Vampirfilm zugeordnet[27] – demonstrieren zwei Filme von höchst unterschiedlicher Erscheinung die Diversität, die ein Genre besitzen kann. Während The Reflecting Skin als typische Arthouse-Produktion daherkommt und vor allem durch ausschweifende Panoramafahrten erzählt, ist Martin bewusst als grobkörniger und trashiger B-Movie inszeniert. Zwar verzichten beide Regisseure auf eine körperliche Darstellung des Vampirs, rekurrieren aber so intensiv auf Konventionen des Vampirfilms, dass beide Titel mittlerweile als Klassiker und Geheimtipp des Sub-Genres gelten – ohne dem Zuschauer auch nur einen Vampir in Cape und mit Reißzähnen bestückt zu präsentieren.

Natürlich offenbart sich bei dieser Art der Genrebestimmung auch ein normativistisches Problem. Wer entscheidet darüber, welche Filme besonders wichtige Vertreter eines Genres sind? Soll der Vertreter nach ökonomischen, kulturellen oder wissenschaftlichen Kriterien ausgewählt werden? Obwohl diese Fragen nicht abschließend beantwortet werden können, entstand durch subtile Mechanismen in den ver-

26 Vgl. www.imdb.com (letzter Aufruf: 14.01.2013).
27 Vgl. Liebrand, Claudia: Vampire in der neuen Welt. In: Begemann, Christian [Hrsg.]: Dracula unbound: Kulturwissenschaftliche Lektüren des Vampirs. Berlin 2007, S. 283ff.

gangenen Jahrzehnten für nahezu jedes Genre ein Katalog von Filmen, die konsenstragend als essentielle Vertreter ihres Genres angesehen werden. Aber an solchen Beispielen zeigt sich erneut, dass es nicht *die* einheitliche Definition von Genre gibt oder geben kann, sondern dass es sich immer um eine Versäulung verschiedener Merkmale, Eigenschaften und Thesen handelt, die sich letztendlich zu einem Gesamteindruck verdichten.

Da es noch keine abschließende Definition des (filmischen) Genres gibt, ist es vorteilhaft, sich der Prozesse bewusst zu werden, die dafür verantwortlich sind, dass sich das »Genre« in einem ständigen Wandel befindet. Während traditionelle Theoretiker Genre als feste Formen auffassen, gehen zeitgenössische Theorien davon aus, dass Formen und Funktionen eines Genres dynamisch sind[28]. Ein Umstand, den ich im »Einzelanalyse«-Kapitel über Peter Jacksons Film BRAINDEAD in Hinblick auf die Repräsentation des Femininen anhand eines Beispiels überprüfen möchte. Die Dynamik gründet sich einerseits darin, dass z. B. literarische Genres als »überzeitlich, konstante Kategorien«[29] laut einiger Autoren generell eine höhere Statik aufweisen als z. B. Filmgenres[30], andererseits darin, dass Genres generell nicht einfach durch die Kultur gegeben sein sollen, sondern dass sie vielmehr »ein andauernder Prozess von Verhandlung und Veränderung«[31] sind. Obwohl Genrestrukturen relativ stabil sind, sind es trotzdem keine unveränderbaren Konstrukte[32]. Der Soziologe Nicholas Abercrombie geht sogar

28 Vgl. Chandler, Daniel: Einführung in die Genre-Theorie, S. 5.
29 Pinkas, Claudia: Der phantastische Film: Instabile Narrationen und die Narration der Instabilität, Berlin 2010, S. 86.
30 Was vor allem mit dem Wegfall von Aspekten der filmischen Präsentation wie Dekor, Musik oder Beleuchtung begründet wird. Dass der Literatur nur die Schrift als Erzähl-Medium zur Verfügung steht, wird als Einschränkung wahrgenommen, auch wenn diese cinephile These einer Überprüfung wahrscheinlich nicht standhalten würde.
31 Chandler, Daniel: Einführung in die Genre-Theorie., S. 3.
32 Vgl. Kammerer, Ingo: Film - Genre – Werkstatt, S. 105.

davon aus, dass »sich die Grenzen zwischen den Genres bewegen und durchlässiger werden«[33]. Trotzdem verneint Chandler die These, dass das »Genre« ein zunehmend überholter Begriff ist, der in der Mottenkiste der Theoretiker vergraben werden sollte: »Man mag das dynamische Fließen der Genres anerkennen, ohne deshalb gleich Genres für einen toten, überholten Interpretationsrahmen zu halten«[34]. Genres und ihre Konventionen sollen sich zwar im Lauf der Zeit verändert und damit alte Theorien obsolet gemacht haben, aber sie haben dadurch bestimmt nicht an Relevanz verloren.

Neue Genres entstehen meist aus der Transformation einer oder mehrerer »alter« Genres, die damit mehr oder weniger abgelöst werden, wodurch eine Illusion des »Verschwindens« entsteht. »Jedes neue Werk innerhalb eines Genres hat das Potential, Veränderungen im Genre, oder vielleicht sogar das Auftauchen eines neuen Untergenres zu bewirken (die später zu eigenständigen vollentwickelten Genres erblühen mögen)«[35].

Doch auch die Interaktion zwischen Genres und den Medien trägt zum Wandel bei. Ein in Hinblick auf den Horrorfilm und die zentrale Fragestellung dieser Arbeit wichtiger Umstand ist, dass laut Chandler einige Genres mächtiger sind als andere. Sie besitzen sowohl eine größere Publikumsaffinität als auch ein höheres ökonomisches Auswertungspotential. Neben der differierenden »Körperlichkeit« von Genres, auf die ich in Zusammenhang mit Linda Williams näher eingehen werde, sind vor allem die Diskursführer bei der Bestimmung des Status eine wichtige Instanz. Laut Chandler unterscheiden sich Genres »gemäß ihres Status, der ihnen durch die im Genre arbeitenden Autoren

33 Chandler, Daniel: Einführung in die Genre-Theorie, S. 5.
34 Ebd., S. 5.
35 Ebd., S. 5.

und deren Leserschaft zugeschrieben wird«[36]. Besonders mächtige Genres werden von Chandler als »Institutionelle Schlüsselgenres« bezeichnet. In ihnen spiegeln sich gesellschaftliche Konventionen wider, wie z. B. gemeinsame soziale oder moralische Vorstellungen[37]. »Tatsächlich kann man ein Genre, egal in welchem Medium, als Verkörperung bestimmter Werte und ideologischer Annahmen auffassen«[38]. Ein Konzept, das die Mythentheorie des Ethnologen Claude Lévi- Strauss aufgreift und auf dessen Thesen zur Bildung menschlicher Denkstrukturen aufbaut[39]. Der »Zeitgeist« hat demnach einen nicht unerheblichen Einfluss.

Oder anders formuliert: Der zum Zeitpunkt der Entstehung des Films jeweils relevante kulturelle Diskurs beeinflusst das Genre auf erhebliche Weise inhaltlich und formal[40]. Dabei geschieht dieser Prozess reziprok: Zwar entwickelt sich ein Genre entsprechend der gesellschaftlichen Umstände, Transformationen und Veränderungen innerhalb des Genres können die gesellschaftlichen Zustände aber ebenfalls beeinflussen und verstärken[41]. Tudor hat diesen Zusammenhang treffend auf den Punkt gebracht.

> »[...] the crucial factors that distinguish a genre are not only characteristics inherent in the films themselves: they also depend on the particular culture within which we are operating [...] Genre is what we collectively believe it to be« [42].

Es bleibt also festzuhalten, dass die wissenschaftliche Aufarbeitung des Begriffs »Genre« einen Kanon an Beschreibungstechniken,

36 Ebd., S. 5.
37 Vgl. Grant, Barry Keith: Film Genre Reader III. Austin 2004, S. 6f.
38 Chandler, Daniel: Einführung in die Genre-Theorie, S. 6.
39 Vgl. Gledhill, Christine: History of Genre Criticism. In: Cook, Pam [Hrsg.]: The Cinema Book. Third Edition. London 2007, S. 254.
40 Vgl. Kammerer, Ingo: Film - Genre – Werkstatt, S. 107.
41 Vgl. Chandler, Daniel: Einführung in die Genre-Theorie, S. 6.
42 Grant, Barry Keith: Film Genre Reader III, S. 7.

Werkzeugen und Thesen an die Hand reicht, mit denen es möglich ist, Filme nach durchaus übertragbaren Kriterien in Gruppen zusammenzufassen – auch wenn die Grenzen durchlässig bleiben.

Definition von »Horror«

Wie bereits angedeutet, wird die Beschreibung des Genrebegriffs »Horrorfilm« von verschiedenen theoretischen Schwierigkeiten begleitet. Seit Anfang der 1970er Jahre wird über die Definition gestritten, und auch weiterhin ist in der Literatur kein gemeinsamer / uneingeschränkter Konsens in Sicht[43]. Eine vollständige Aufarbeitung des filmwissenschaftlichen Diskurses kann an dieser Stelle daher nicht geleistet werden. Trotzdem sollen in diesem Kapitel erneut die wichtigsten Thesen und Erkenntnisse zusammengefasst werden, damit der Begriff »Horrorfilm« im zweiten Teil der Arbeit als eine Art Hilfskonstruktion verwendet werden kann.

Als der wohl tauglichste Versuch zur Bestimmung des Horrorfilms als Genrebegriff hat sich der semiotische Ansatz erwiesen. Hierbei werden – wie bereits oben angeführt – Filme aufgrund von »Familienähnlichkeiten« unter einem gemeinsamen Korpus subsumiert. In Hinblick auf das ästhetische Prinzip des Horrorfilms und seines Stils lassen sich einige wiederkehrende Motive, Narrationsmuster und Thematiken ausmachen.

Die Narration des Horrorfilms besitzt immer einen Moment des Übernatürlichen oder Phantastischen[44]. Egal in welchem Sub-Genre

43 Vgl. Cook, Pam [Hrsg.]: The Cinema Book. Third Edition. London 2007, S. 347.
44 Vgl. Shelton, Catherine: Unheimliche Inskriptionen. Eine Studie zu Körperbildern im postklassischen Horrorfilm. Bielefeld 2008, S. 114.

des Horrorfilms man sich bewegt, der/die Protagonist/Protagonistin des Films wird von einem Gegner oder einer Macht bedroht, dem bzw. der ein Element des Übernatürlichen anhaftet. Dies scheint eine elementare Gemeinsamkeit von Filmen zu sein, die unter dem Gattungsbegriff »Horrorfilm« klassifiziert werden. In der Einflechtung des Übernatürlichen besteht zudem die Abgrenzung zum Genre des »Science-Fiction«. Der Science-Fiction-Film ist tief im technischen Diskurs verankert und die cineastische Weiterentwicklung des utopischen Romans[45]. Während der Horrorfilm also das Übernatürliche inszeniert, ist der Science-Fiction-Film auf ein »realistisches« Setting angewiesen, um seinen übrigen Kriterien hinreichend gerecht zu werden[46]. Natürlich sind auch hier die Grenzen fließend, sodass es zu einer Genre-Hybridisierung kommen kann. Filme wie ALIEN (1979), die in ihrem jeweiligen Setting Realismus suggerieren, aber darüber hinaus mit den narrativen Strukturen des Horrorfilms konvergent gehen, sind in ihrer Zuordnung immer noch strittig[47]. Meistens liegt die Zuordnung dann auf Seite der Rezipienten, die z. B. die im Film verwendete Ikonographie einem ihnen bereits bekannten Genre zuordnen können (weshalb ALIEN aufgrund der Raumschiff-Thematik trotz der Irritationen in der Narration und dem Element des »Monströsen« dem Science-Fiction-Genre zugeordnet wird).

Auf der Rezeptionsebene geht mit diesem Kriterium einher, dass die Konfrontation des Zuschauers mit dem »übersinnlich Unbekannten« Angst generieren soll[48]. Denn die Konfrontation mit dem »Unbekannten«[49] weckt im Menschen ein natürliches Gefühl des Unbeha-

45 Vgl. ebd., S. 115.
46 Vgl. Cook, Pam [Hrsg.]: The Cinema Book, S. 344.
47 In der gängigen Literatur hat es sich etabliert, das Alien-Franchise aufgrund seines hybriden Charakters als »Sci-Fi Horror« zu bezeichnen.
48 Vgl. Shelton, Catherine: Unheimliche Inskriptionen, S. 114.
49 Julia Kristeva würde das Phänomen aufgrund ihrer psychoanalytischen

gens, worauf ich im Zusammenhang mit Julia Kristevas psychoanalytischen Konzept der »Abjektion« zurückkommen werde. Aber selbst losgelöst von einer psychoanalytischen Lesart kann man laut dem Kunstwissenschaftler Hans D. Baumann festhalten, dass die somatische Affektwirkung ein weiteres zentrales Kriterium des Horrorfilms ist. Oder anders formuliert: Die Erzeugung von Abscheu, Ekel, Schrecken, Schock ist ein zentrales Moment des Horrorgenres, wobei zwar das Hauptaugenmerk auf dem Moment des Erschreckens liegt, aber die Situation, sich einem Zustand des »möglicherweise erschreckt werden« auszusetzen, ebenfalls mitschwingt. »Horror ist nicht die Antwort des Menschen auf etwas bloß Ekelhaftes oder Erschreckendes, sondern auf eine Situation, in der er mit diesem ganzen Gefühlsspektrum reagiert«[50].

Robin Wood benennt in seinem viel beachteten Essay *An Introduction to the American Horror Film* ein weiteres zentrales Motiv des Horrorgenres. Laut Wood inszenieren Horrorfilme gesellschaftlich dominierende Normvorstellungen, oder anders ausgedrückt, die »Normalität«[51]. Im Körper des »Monsters« und des »Übernatürlichen« materialisiert sich in Form unterschiedlichster Monstrositäten die Andersartigkeit oder Abweichung von dieser Normalität. »Sein [des Monsters] bedrohlicher und grauenerregender Charakter resultiert aus der Abweichung von der sozialkulturell determinierten Vorstellung von Normalität, die es durch seine Existenz zu revozieren scheint«[52].

Ein zentrales Moment des Horrorfilms liegt demnach in der Überschreitung kultureller Normen und Ordnungen, weshalb auch Filme, in denen das Übernatürliche nur eine untergeordnete Rolle spielt

Lesart nicht als das »Unbekannte«, sondern als das »Abjekte« bezeichnen.
50 Baumann, Hans: Horror. Die Lust am Grauen. Beltz 1992, S. 30.
51 Vgl. Shelton, Catherine: Unheimliche Inskriptionen, S. 116.
52 Ebd., S. 116.

(z. B. im Sub-Genre des »Slashers«) dem Horrorfilm zugeordnet werden können.

Natürlich muss die im Film repräsentierte»Normalität« kein authentisches Abbild der Realität darstellen. Es kann immer sein, dass sich die filmische Inszenierung am »Zeitgeist«, an politischen Ideologien etc. orientiert. Als Beispiel kann man an dieser Stelle die *Alien Invasion-* und *Mad Scientists*[53] -Filme aus dem Zenit des Kalten Krieges anführen (z. B. THE WAR OF THE WORLDS (1952), INVASION OF THE BODY SNATCHERS (1956)). In diesen Filmen, die pragmatisch ausgedrückt im Subtext den Kalten Krieg behandeln, wird eine idealisierte Form der kapitalistischen Gesellschaft präsentiert, um sie in Kontrast mit dem kommunistischen Feind zu setzen[54]. »Normalität« ist ungleich der Realität. Die Spannung des Genres resultiert also aus der Gegenüberstellung zweier symbolischer Ordnungen: der empiristisch- rationalistischen Ordnung der abgebildeten »Normalität« und der phantastisch-bedrohlichen Ordnung – materialisiert im Erscheinungsbild des Monsters –, die in die Normalität einzudringen versucht[55]. Damit wird ein dualistisches Weltbild entworfen, durch das man sich erneut an Derrida erinnert fühlt. Welche Seite dieses binären Gegensatzpaares ist im Besitz der Macht: das gewaltausübende phantastische Monster oder die rationalistisch geprägte Welt der Normalität, die letztendlich (aber nie von Bestand) über das Monströse triumphiert? Interessant und die These zugleich bekräftigend ist, dass nach Noel Caroll das Monster bzw. »Object of Horror« bereits ein Wesen ist, das oppositionell ge-

53 Die sich ebenfalls eng entlang der porösen Genregrenze zwischen Horror und Science-Fiction bewegen.
54 Vgl. Gledhill, Christine: History of Genre Criticism. In: Cook, Pam [Hrsg.]: The Cinema Book, S. 349.
55 Vgl. Shelton, Catherine: Unheimliche Inskriptionen, S. 119.

stellte Kategorien in sich vereint: »Tod/Leben, Einheit/Vielheit, menschlich/nicht-menschlich«[56].

Woods Thesen wurden bereits von zahlreichen Disziplinen aufgegriffen und weiterentwickelt. So hat sich der feministische Diskurs darum bemüht, seine Thesen auf die Repräsentation der Frau im Horrorfilm zu beziehen, worauf ich in Hauptkapitel 3. weiter eingehen werde.

Es bleibt also festzuhalten, dass der Horrorfilm folgende drei Grundmerkmale besitzt:

1. Das Moment des Übernatürlichen oder Phantastischen.
2. Eine somatische Affektwirkung, die bei dem Rezipienten Angst, Schrecken oder Ekel hervorruft.
3. Normalität wird bedroht und (kulturelle) Grenzen werden penetriert.

Bereits diese geringe Anzahl an Kriterien reicht aus, um anhand des Prinzips der Familienähnlichkeiten einen einigermaßen scharfen Umriss des Genres »Horrorfilm« zu zeichnen, ohne die Grenzen dabei zu statisch zu definieren. Alle in dieser Arbeit be- und angesprochenen Filme weisen mindestens zwei dieser Merkmale auf.

56 Vgl. ebd., S. 119.

Warum der Horrorfilm? Das Affektkino der »Body Genres«

In diesem Abschnitt möchte ich erläutern, durch welche Eigenschaften sich das Horrorgenre von anderen Genres abhebt und wie es sich dadurch im erhöhten Maße für eine filmwissenschaftliche, psychoanalytische sowie feministische Untersuchung anbietet. Warum wählen TheoretikerInnen vor allem die sogenannten »Body Genres« als Untersuchungsgegenstand, anstatt sich auf die populären und ökonomisch gewichtigeren Genres zu konzentrieren? Warum nicht die Komödie? Warum nicht der Actionfilm[57]?

Die US-amerikanische Filmwissenschaftlerin Linda Williams benennt dafür in ihrem vielfach aufgegriffenen und diskutierten Essay *Film Bodies: Gender, Genre, and Excess*[58] einige Gründe.

Laut Williams gibt es drei Arten des Films, in denen die Elemente Gewalt, Sex und Emotion eine besonders intensive Körperempfindung im Zuschauer auslösen. Zu diesen Genres, für die sie den Begriff »Body Genres« von Carol Clover aufgegriffen und weiterentwickelt hat, zählt sie das Melodrama, den Pornofilm und den Horrorfilm[59]. Eine Besonderheit der Body Genres liegt darin, dass sie sich klar vom »Klassischen Film« abgrenzen. Der klassische Film orientiert sich an einer effizienten, handlungs- und zielorientierten Narration entlang ei-

57 Das geschieht zwar auch, aber bereits ein flüchtiger Blick auf die vorhandene Literatur zeigt, dass die »Body Genre« eindeutig überrepräsentiert sind. Insbesondere in Untersuchungen, die den (cineastischen) »Körper« in den Mittelpunkt stellen.

58 Das Essay ist in einer deutschen Übersetzung in »Montage, AV: Zeitschrift für Theorie & Geschichte audiovisueller Kommunikation (2/2009)« erschienen. Allerdings stellte sich bei einem Abgleich mit dem Originaltext heraus, dass die Übersetzung zahlreiche Fehler und Ungenauigkeiten besitzt. Daher greife ich auf das Original zurück, das unter anderem in der Zeitschrift »Film Quarterly: Vol 44 (4/1991)« erschienen ist.

59 Vgl. Williams, Linda: Film Bodies: Gender, Genre and Excess, S. 2f.

nes klar auszumachenden Handlungsfadens[60]. In den Body Genres hingegen wird dieses klassische Erzählsystem marginalisiert und mit »excessive spectales« versehen, die nicht selten schlichtweg auf eine grobe Darstellung des menschlichen Körpers abzielen. Diese Abhebung von erzählorientierten Genres hat zur Folge, dass Body Genres eine viel geringere kulturelle Anerkennung erfahren[61]. Neben der Pornografie und dem Horrorfilm, die aufgrund ihrer exzessiven Darstellung von Gewalt und Sex eine Abwertung erfahren, ist das Melodrama als ein reines »Frauengenre« verschrien, das bestenfalls belächelt wird[62]. Als gemeinsames Element teilen diese Genres, dass der Körper in ihnen »caught in the grip of intense sensation or emotion«[63] präsentiert wird. Der Körper befindet sich also häufig in einer Situation der intensiven Sinnes- oder Gefühlsempfindung, während der Körper zumeist noch passiv konnotiert ist[64]. Jedes dieser Genres besitzt einen Zenit, in dem das Körperspektakel in einen Moment gipfelt, in welchem ein Kontrollverlust über den Körper geschieht. »The body spectacle is featured most sensationally in pornography's portrayal of orgasm, in horror's portrayal of violence and terror, and in melodrama's portrayal of weeping«[65]. Visuell äußert sich das im Film in unkontrollierten Spasmen, egal ob durch sexuelle Lust, Furcht oder Trauer ausgelöst. Auditiv verliert sich die Sprache in unkontrolliertem Stöhnen, Angstschreien und Schluchzen. Die »Ekstase« wird also in allen drei Genres fokussiert und bildet damit ein Grundelement der Body Genres.

60 Vgl. ebd., S. 3.
61 Vgl. ebd., S. 3.
62 Mit der steigenden (kommerziellen) Beliebtheit der »Romantic Comedy« und der Einbindung von Elementen des Melodramas in dieses Sub-Genre hat sich der Effekt zwar abgemildert, aber: Ein Mann, der das Melodrama als sein Lieblingsgenre angibt, dürfte immer noch schräge Blicke ernten.
63 Williams, Linda: Film Bodies: Gender, Genre, and Excess, S. 3
64 Ein Umstand, der weiter unten im Zusammenhang mit Laura Mulvey wichtig sein wird.
65 Williams, Linda: Film Bodies: Gender, Genre, and Excess, S. 4.

Laut Williams besteht der besondere Reiz der Body Genres darin, sich bewusst dieser auf der Leinwand dargestellten Ekstase auszusetzen, wobei der Körper des Rezipienten selbst in einen Zustand der Nachahmung verfällt[66]. Der Zuschauerkörper entwickelt bei diesen Genres das Bedürfnis, körperlich auf den Film zu reagieren[67]. Als logische Konsequenz hieraus ergibt sich, dass auch der Erfolg eines Body Genre-Films davon abhängen soll, wie sehr der Körper des Rezipienten von den Handlungen auf der Leinwand erfasst wird. Oder anders formuliert: Je höher der Grad der sexuellen Erregung beim pornografischen Film ist, je mehr Tränen ein Melodram oder je mehr Angstschreie ein Horrorfilm beim Publikum hervorruft, desto höher ist die Qualität des Films. »The success of these genres seems a self-evident matter of measuring bodily response«[68].

Damit verbindet die drei von Williams beschriebenen Body Genres ein weiteres Merkmal, das sie von anderen Genres abhebt: Body Genres weisen alle einen erheblichen Mangel an ästhetischer Distanz auf, der Körper des Rezipienten wird gezielt und auf direkte Weise angesprochen und verfällt dabei in einen Zustand der Passivität. Laut Williams spiegelt sich das auch im Vokabular wider, das zur Umschreibung der Body Genres genutzt wird.

> »We feel manipulated by these texts – an impression that the very colloquialisms of ›tear jerker‹ and ›fear jerker‹ express – and to which we could add pornography's even cruder sense as texts to which some people might be inclined to ›jerk off‹«[69].

66 Ebd., S. 4.
67 Vgl. Wolf, Enrico: Bewegte Körper - bewegte Bilder. Der pornografische Film: Genrediskussion, Geschichte, Narrativik. München 2008, S. 16.
68 Williams, Linda: Film Bodies: Gender, Genre, and Excess, S. 5.
69 Ebd., S. 5.

Nicht zu vernachlässigen ist der Genderaspekt, der bei jedem der drei oben beschriebenen Body Genres mitschwingt. Laut Williams hängen sowohl das Melodrama als auch der Porno- und Horrorfilm vom Spektakel des sexualisierten weiblichen Körpers ab, wobei sich dieser Körper meist in einer Opferrolle befindet[70]. Allein unterscheidend ist der Vorgang, wie im jeweiligen Genre die Frau zum Opfer gemacht wird. Im Pornofilm soll die Frau direkt auf mehrfache Weise in die Rolle des Opfers gedrängt werden: Einerseits wird die Frau dazu genötigt, die gezeigten sexuellen Handlungen zu tätigen, andererseits befindet sich auch die von der Frau dargestellte Figur meist in einer passiven Opferrolle. (Eine weitreichende These, die ich in Hinblick auf den Horrorfilm in den folgenden Kapiteln wieder aufgreifen werde). In dieser Hinsicht ist der Pornofilm laut Williams »fundamentally sadistic«[71]. Im Melodrama soll die Frau häufig seelischer (und teilweise auch körperlicher) Folter ausgesetzt sein. Durch diese Aspekte wird der Körper in den Body Genres zum empfänglichen Bedeutungsträger. Sex, Gewalt und Gefühl sind demnach Stilmittel, die eine präzise Funktion in den Body Genres erfüllen. Wie bereits im einleitenden Teil angerissen, adressieren Genres tendenziell Grundprobleme der Kultur. Und damit einhergehend thematisieren Body Genres auch explizit Fragen der (sexuellen) Identität. Damit ist der Einsatz von Sex, Gewalt und Gefühl nicht nur pure Effekthascherei oder gar überflüssig, sondern Teil einer »cultural form of problemsolving«[72].

Eine letzte Gemeinsamkeit sieht Williams darin, dass jedes der drei genannten Körpergenres eine »Urfantasie« im Menschen an-

70 Ebd., S. 5
71 Ebd., S. 6.
72 Ebd., S. 9.

spricht. Im Porno wird die Fantasie der Urverführung in redundanter Weise wiederholt. Im Horrorfilm wird in Motiven wie dem »Final Girl«[73] das Kastrationstrauma wiederholt und das Melodrama reproduziert immer wieder die Angst vor dem Verlust des »Ursprungs«.

In dieser Wechselwirkung mit der Kultur könnte auch der Grund liegen, warum sich die drei etablierten Body Genres immer größerer Beliebtheit erfreuen. Betrachtet man die GfK-Zahlen[74] der vergangenen Jahre, kann man erkennen, dass die drei Body Genres – obwohl sie als Nischengenres gelten – akzeptable Absatzzahlen erzielen und diese auch in den vergangenen Jahren steigern konnten. Enrico Wolf sieht darin eine mögliche Antwort auf den Umstand, dass in der hochtechnisierten Umwelt einer Industrienation der Körper immer weiter marginalisiert wird[75]. Die Verrichtung von Arbeit soll immer weniger auf den Körper angewiesen sein. In der »Siliziumwirtschaft«, in der mit hochsensibler Mikro- und Nanotechnologie hantiert wird, soll der Mensch sogar zu einem Fremdkörper verkommen sein, den es nach Möglichkeit zu vermeiden gilt[76]. Auf diese Entkörperlichungstendenzen soll nun ein wahrer Körperboom antworten, der sich z. B. in Form des Fitnesstrends, der Schönheitschirurgie oder eben der Aufwertung der somatischen Filmgenres äußern soll[77]. Es bleibt abzuwarten, wie haltbar diese These sein wird.

Body Genres zeichnen sich also dadurch aus, dass sie einerseits auf Rezeptionsebene eine hohe somatische Affektwirkung besitzen und daher vom Publikum besonders intensiv erlebt werden, und andererseits dadurch, dass sie im erhöhten Maße als Spiegel für gesell-

73 Eine nähere Erläuterung des Begriffs findet sich im Kapitel über Carol J. Clover.
74 z. B. einsehbar im Key Facts Videokaufmarkt Bericht (Dezember 2011).
75 Vgl. Wolf, Enrico: Bewegte Körper - bewegte Bilder, S. 56ff.
76 Vgl. ebd., S. 57.
77 Vgl. ebd., S. 57.

schaftlich-kulturelle Strukturen und Prozesse dienen. Bereits zu diesem Zeitpunkt lässt sich daher festhalten, dass sich die genannten Body Genres – trotz der kritikwürdigen Eigenschaften – nicht einfach als schlichter Exzess von Sex, Gewalt und Gefühl abtun lassen. Ihre Funktion als kultureller Problemlösungsmechanismus besteht darin, dass Geschlechterrelationen und Identitätsfragen fortwährend in Bewegung bleiben sowie wissenschaftlich reflektiert und hinterfragt werden[78]. »Genres thrive, after all, on the persistence of the problems they address: but genres thrive also in their ability to recast the nature of these problems«[79].

78 Diese Position besitzt durchaus noch Kritiker, worauf ich im kommenden Kapitel eingehen werde.

79 Williams, Linda: Film Bodies: Gender, Genre, and Excess, S. 12.

Feminismus und Horrorfilm: Zentrale Positionen und Thesen

In diesem Hauptkapitel möchte ich die Kernfrage behandeln, inwiefern das Feminine im Horrorfilm repräsentiert wird. Während Laura Mulvey in ihrem Schlüsseltext *Visuelle Lust und narratives Kino* noch ein sehr negatives Bild von der cineastischen Rolle der Frau zeichnet, können die darauffolgenden Theoretikerinnen den untersuchten Filmen durchaus progressive und für den Feminismus positive Elemente zugestehen. Auch wenn sich der Aufbau des Kapitels vage daran orientiert, ob eher ein positives oder negatives Gesamturteil abgegeben wird, bedeutet das nicht, dass eine Theorie die andere abgelöst hat. Ganz davon abgesehen, dass sich die Thesen teilweise zeitlich parallel entwickelt haben, konnte schlichtweg noch kein endgültiger wissenschaftlicher Konsens gefunden werden. Die feministische Filmforschung ist in Bezug auf das Horrorgenre immer noch sehr vital und wandelbar, jede der von mir vorgestellten Thesen besitzt Befürworter und Kritiker. Teilweise haben sich die Autorinnen im Nachhinein sogar selbst korrigiert, ihre Thesen weiterentwickelt und neue Verknüpfungen hergestellt. Der Horrorfilm erregt nach wie vor die Gemüter der Feministen und Feministinnen.

Mein Anspruch besteht daher darin, die populärsten Thesen vorzustellen und damit einen Überblick über das Meinungsspektrum des Diskurses zu geben. Viele der vorgestellten Thesen wurzeln in den Erkenntnissen des Begründers der Psychoanalyse Sigmund Freud und seines Schülers Jacques Lacan. Da aber nicht die psychoanalytischen Aspekte des Horrorfilms im Fokus stehen, sollen diese weitgehend ausgeklammert und nur so weit erläutert werden, wie es für das grundlegende Verständnis nötig ist[80]. Schon allein in Hinblick auf den Umfang wären die zugrundeliegenden psychoanalytischen Konzepte nicht eins zu eins abbildbar. Aufgrund der ungeheuren Menge an Sekundärliteratur, die den Horrorfilm samt seiner feministischen Aspekte behandelt, beschränke ich mich auf die Originaltexte der vier wichtigsten Theoretikerinnen, die zudem die Kerntexte des Diskurses darstellen.

Laura Mulvey: The Male Gaze – »Visual Pleasure and Narrative Cinema«

Laura Mulvey ist eine britische Filmtheoretikerin, die mit ihrem 1975 erschienenen Essay *Visual Pleasure and Narrative Cinema* eine Wende in der feministischen Filmforschung eingeleitet hat. Sie ist die Vorreiterin der feministischen Strömung innerhalb der Filmforschung, die es sich zur Aufgabe gemacht hat, unterdrückende, patriarchalische Strukturen in Filmen aufzudecken und zu benennen. Noch heute gehört *Visual Pleasure and Narrative Cinema* zu den meistzitierten Essays der feministischen Filmforschung und besitzt eine breite Anhängerschaft.

Um ihre Thesen herzuleiten, setzt Mulvey zwei wichtige Prämissen voraus, die dem Essay vorangestellt sind: »Wir gehen davon aus, daß Film die ungebrochene, gesellschaftlich etablierte Interpretation

80 Für die Analyse von psychoanalytischen Konzepten im Horrorfilm besteht sogar ein vom Feminismus gänzlich abgekapselter Diskurs mit eigenem Korpus von Fachliteratur.

des Geschlechtsunterschiedes reflektiert, sogar damit spielt und die Bilder, die erotische Perspektive und Darstellung kontrolliert«[81].

Mit dieser radikalen Bewertung stellt sie dem Kino a priori ein eindeutig negativ konnotiertes Zeugnis aus. Zudem unterstellt sie, dass das Kino per se einer patriarchalischen Kultur unterworfen sei, wodurch die Rolle der Frau von vornherein festgelegt ist: Und zwar dient die Frau in dieser patriarchalischen Kultur als reines »Signifikant für das männliche Andere, gefesselt von einer symbolischen Ordnung, in der Männer ihre Phantasien und Obsessionen durch die Herrschaft der Sprache ausleben können«. Da das »Erotische« des Kinos ebenfalls in der herrschenden patriarchalischen Sprache codiert ist, ist es naheliegend, dass die »Phantasien und Obsessionen« der männlichen Zuschauer sexuell konnotiert sind. Ein interessanter Fakt ist, dass die oben angesprochene semiotische Lesart des Begriffs »Genre« erst einige Jahre nach Erscheinen von Mulveys Essay ausdrücklich formuliert wurde, aber auch sie bereits im Zusammenhang mit dem Kino von einer »Herrschaft der Sprache« redet. Trotz aller Ansatzpunkte für Kritik ist es unbestreitbar, dass Mulvey in dieser Hinsicht eine Pionierin der Filmforschung darstellt.

Aufgrund der negativen Grundtendenz des Kinosystems formuliert sie in ihrem ursprünglichen Essay die Notwendigkeit einer cineastischen Gegenbewegung. Es müssten Mechanismen gefunden werden, die innerhalb des Kinosystems eine Ausgeglichenheit des Blicks herbeiführen[82]. In der Rolle der Regisseurin hat sie versucht, die von ihr beschriebenen Strukturen aufzubrechen. So experimentieren ihre Filme wie Riddles of the Sphinx (1979) oder Crystal Gazing (1982) zwar mit

81 Laura Mulvey: Visuelle Lust und narratives Kino. In: Albersmeier, Franz-Josef [Hrsg.]: Texte zur Theorie des Films. Stuttgart 1979, S. 389. Übers. v. Karola Gramann.

82 Vgl. Laura Mulvey: Visuelle Lust und narratives Kino, S. 391f.

einem deutlich alternierenden Blickkonzept, das sich aber nie wirklich durchgesetzt hat und heute als Avantgarde- oder Experimentalkino gehandelt wird. Eine Klassifizierung, die Mulvey wohl als Sackkasse bezeichnen würde.

Eine ihrer Thesen gründet auf Freuds psychoanalytischem Konzept der Skopophilie. Die Skopophilie ist die »Lust am Schauen« bzw. »Schaulust« und wird dem Menschen laut Freud als angeborener Instinkt mitgegeben. Ebenso wie es (sexuelle) Lust bereiten kann, etwas anzuschauen, kann es lustvoll sein, angesehen zu werden[83]. Für Mulvey ist vor allem Freuds Feststellung wichtig, dass der »Schauende« andere Personen zu Objekten degradiert. Die Signifikanten sind machtlos einem »kontrollierenden und neugierigen Blick« ausgesetzt. Da es sich allerdings um einen natürlichen Instinkt handelt und auch durch das Angeschautwerden Lust generiert werden kann, muss die Skopophilie nicht zwanghaft negativ ausgelegt werden[84]. Erst in dem Extremfall sieht Freud eine Gefahr: Skopophilie wird dann zu einer Perversion, wenn sexuelle Befriedigung ausschließlich aus der Objektivierung des Anderen und durch kontrollierendes Beobachten gewonnen werden kann. Auf den Film angewendet, werden diese (gefährlichen) voyeuristischen Tendenzen der Skopophilie laut Mulvey durch die heterotope Beschaffenheit des Kinosaals begünstigt:

> »Nicht zuletzt trägt der extreme Kontrast zwischen der Dunkelheit des Zuschauerraums (die auch die Zuschauer voneinander trennt) und die Helligkeit der wechselnden Licht- und Schattenmuster dazu bei, die Illusion voyeuristischer Distanziertheit zu befördern«[85].

83 Vgl. Freud, Sigmund: Drei Abhandlungen zur Sexualtheorie, Frankfurt 1972, S. 64ff.
84 Vgl. Laura Mulvey: Visuelle Lust und narratives Kino, S. 393.
85 Ebd., S. 394.

Oder mit anderen Worten: Der Zuschauer wird in einen enthemmten Zustand versetzt, in dem verschiedene Formen der moralischen Selbstregulation außer Kraft gesetzt werden. Aber auch das Medium »Film« an sich soll dazu beitragen, diese Distanziertheit herzustellen. Laut Mulvey suggeriert der Kinofilm aufgrund seiner »hermetisch abgeschlossenen Welt« ein Gefühl der Trennung und Abtrennung. Auf wundersame Weise zaubert die Laterna Magica ein fließendes Bild auf die Leinwand und gewährt dem Zuschauer Einblick in eine andere – private – Welt. Damit avanciert das Kino zu einem virtuellen Raum und zur Projektionsfläche für unterdrückte Wünsche und Gelüste: »Ganz eindeutig ist die Position der Zuschauer im Kino die, daß sie ihren eigenen Exhibitionismus unterdrücken und die unterdrückten Wünsche auf den Schauspieler projizieren«.

Im Hinblick auf den Feminismus besteht das Problem nun darin, dass die »Lust am Schauen« in verschiedene Dichotomien unterteilt ist, die wiederum von sexueller Ungleichheit bestimmt sind. Laut Mulvey ist die Blickstruktur im Kino in aktiv/männlich und passiv/weiblich unterteilt. Die Frau wird im Film zum Sexualobjekt degradiert, auf dem der männliche Blick und damit auch das männliche Verlangen ruhen.

> »Der bestimmende männliche Blick projiziert seine Phantasie auf die weibliche Gestalt, die dementsprechend geformt wird. In der Frauen zugeschriebenen exhibitionistischen Rolle werden sie gleichzeitig angesehen und zur Schau gestellt, ihre Erscheinung ist auf starke visuelle und erotische Ausstrahlung zugeschnitten [...]«.

Zugleich ist die narrative Struktur laut Mulvey so gestaltet, dass der Mann oder der männliche Schauspieler nicht zum Sexualobjekt gemacht werden kann. Als Repräsentant der patriarchalischen Macht, die dem Film innewohnt, kontrolliert er die Phantasie des Films und verweigert sich jeglicher Passivität:

> »Dadurch, daß sich der Zuschauer mit dem männlichen Protagonisten identifiziert, heftet er seinen Blick auf seinen Stellvertreter auf der Leinwand, so daß die Macht des Protagonisten, der das Geschehen kontrolliert, mit der aktiven Macht des erotischen Blicks zusammenfällt – das Ergebnis ist ein Omnipotenz-Gefühl«[86].

Dieses Omnipotenz-Gefühl leitet zu Mulveys zweiter zentraler These über. Aufbauend auf der Theorie des »Spiegelstadiums«, das der Psychoanalytiker Lacan in seinem Essay *Das Spiegelstadium als Bildner der Ichfunktion* beschreibt, behauptet sie, dass das Kino den narzisstischen Moment der Skopophilie entfaltet. Das »Spiegelstadium« beschreibt den Abschnitt in der Entwicklung eines Kindes, in welchem ein Hauptteil der Herausbildung des »Ichs« stattfindet. Das Kind nimmt mit Hilfe des Spiegelbildes den eigenen Körper erstmals als Ganzes wahr. Es ist der Moment der »Ur-Identifikation«[87]. Für Mulvey besteht das zentrale Moment in Folgendem:

> »Das ›Spiegelmoment‹ tritt auf, wenn die physischen Bedürfnisse des Kindes seinen motorischen Fähigkeiten voraus sind, mit dem Ergebnis, daß das Wiedererkennen seiner selbst ihm Freude bereitet, da es annimmt, sein Spiegelbild sei fertiger, vollendeter als das, was ihm sein Körper als Erfahrung vermittelt. Erkennen wird also von ›Falsch- Erkennen‹ überlagert«[88].

Die Verbindung zum Kino besteht nun darin, dass der Film aufgrund des Starkultes eine große Fülle an »Ich-Idealen« bereithält. Da der Mann allerdings sowohl im Publikum als auch auf der Leinwand

86 Ebd., S. 399.
87 Vgl. Horatschek, Annegreth. In: Nünning, Ansgar[Hrsg.]: Metzler Lexikon. Literatur- und Kulturtheorie, 2008 Stuttgart, S. 666. Schlagwort: Spiegelstadium.
88 Laura Mulvey: Visuelle Lust und narratives Kino, S. 394.

Träger des Blickes ist, bietet sich damit nur der männliche Held als Projektionsfläche für den Zuschauer an.

Laura Mulvey hat in ihrem Essay *Visuelle Lust und narratives Kino* also zwei zentrale Thesen aufgestellt, die die feministische Filmforschung in den folgenden Jahrzehnten maßgeblich beeinflussen sollten. Abschließend kann man festhalten, dass Mulvey behauptet:

1. Die Blickorganisation im Kino ist männlich kodiert. Die gesamte Blickorganisation sei auf das voyeuristische Vergnügen des Mannes ausgelegt, was sie mit Hilfe von Freuds Theorie der Skopophilie (die Lust des Schauens) belegt. Dadurch ist die Frau lediglich der Signifikant für das meist sexuelle männliche Vergnügen, sowohl des männlichen Zuschauers, als auch des männlichen Schauspielers. Dabei folgt die Blickstruktur der Dichotomie: männlich/aktiv, weiblich/passiv. Die Frau ist demnach in der sexuellen Machthierarchie benachteiligt und untergeordnet[89].
2. Aufbauend auf Lacans »Spiegelstadium« erfüllt Kino nicht nur das Verlangen nach lustvollem Betrachten, sondern entfaltet zugleich »das narzißtische Moment der Skopophilie«. Der männliche Held des Films soll als Projektionsfläche des Ich-Ideals des männlichen Zuschauers dienen. Die Frau wird also nicht nur in der Blickorganisation benachteiligt, sondern sogar aus Teilen der Blickstruktur

89 Vgl. Friedrich, Kathrin: Film. Killing. Gender: Weiblichkeit und Gewalt im zeitgenössischen Hollywoodfilm. Marburg 2008, S. 42.

ausgeschlossen und damit ausschließlich auf ihre sexuelle Funktion marginalisiert[90].

Auch wenn Laura Mulveys Essay einen wichtigen Schlüsseltext darstellt, provozierten die teilweise überspitzten Formulierungen und die von ihr aufgestellten Prämissen schnell Kritik. Eine umfangreiche Bearbeitung der Reaktionen ist an dieser Stelle aufgrund des begrenzten Rahmens nicht zu leisten, weshalb nur beispielhaft einer der wichtigsten Hebelpunkte angeführt werden soll. Am heftigsten wurde Mulvey für die Annahme kritisiert, dass sich der Blick nur in dem Besitz des männlichen Zuschauers und des männlichen Darstellers befinden kann. Ann Kaplan argumentierte 1983, dass die Frau durchaus Träger des Blickes sein kann und sogar die Fähigkeit dazu besitzt, den Mann zu dem Objekt ihres Blickes zu degradieren. Das Problem würde lediglich darin bestehen, dass die Frau strukturell per se untergeordnet ist. Obwohl sie also ebenfalls den Blick besitzen kann, fehlt ihr die »Macht«, um den Mann zu dominieren[91].

In dem 1981 erschienenen Essay *Afterthoughts on ›Visual Pleasure and Narrative Cinema‹ inspired by King Vidors* DUEL IN THE SUN *(1946)* korrigiert und ergänzt Mulvey einige ihrer zuvor verfassten Thesen und äußert sich vor allem zu dem Vorwurf, dass sie sich in ihrer Betrachtung zu sehr auf den männlichen Standpunkt konzentriert. In *Afterthoughts* ändert sie ihre Thesen unter Bezug auf ein Konzept Freuds dahingehend ab, dass sie den Zuschauerinnen nun die Möglichkeit zugesteht, sich mit dem männlichen (und damit aktiven) Teil des Leinwandgeschehens zu identifizieren[92]. Laut Freud besitzen Kinder (bei-

90 Laura Mulvey: Visuelle Lust und narratives Kino, S. 394f.
91 Vgl. Cook, Pam [Hrsg.]: The Cinema Book, S. 495.
92 Vgl. Mulvey, Laura: Afterthoughts on »Visual Pleasure and Narrative Cinema« inspired by King Vidor's DUEL IN THE SUN (1946). In: Dies.: Visual and other Pleasures. Bloomington and Indianapolis, Indiana 1992, S. 29ff.

derlei Geschlechts) in ihrer Entwicklung eine zeitlich begrenzte »phallische Phase«, die mit einer »maskulinen Libido« einhergeht und von Frauen irgendwann wieder abgelegt wird. In diesem Zusammenhang sieht Mulvey das Medium Film als eine Möglichkeit für Zuschauerinnen an, sich in diese Phase zurückzuversetzen und damit einen verdrängten Aspekt ihrer sexuellen Identität zu reaktivieren. Mulveys Argumentation ist an dieser Stelle sehr dünn und angreifbar, daher ist es in erster Linie als ergänzendes Hilfskonzept anzusehen. Zudem fügt sie die wichtige Anmerkung hinzu, dass diese »durch den Blick geborgte« Aktivität lediglich zeitlich begrenzt ist und daher nicht positiv für die Blickkonstruktion im Film ausgelegt werden kann.

Linda Williams: When the Woman Looks

Die US-amerikanische Filmwissenschaftlerin Linda Williams erweiterte in ihrem Essay *When the Woman Looks* Mulveys Thesen um einige progressive Elemente. In ihrer Analyse wendet sie Mulveys Konzept des »männlichen Blicks« gezielt auf die oben beschriebenen Body Genres an, mit Fokus auf den Horrorfilm. Ähnlich wie Mulvey kommt sie zu dem negativen Fazit, dass die Strukturen des (Horror-)Films die Frau in eine repressive Rolle drängen, entdeckt aber in der Blickorganisation eine Besonderheit. Ihre zentrale Behauptung ist, dass eine positiv konnotierte Verbindung zwischen dem Blick des Leinwandmonsters und der weiblichen Protagonistin sowie der Zuschauerin besteht. Das widerspricht Mulveys These, dass sich die Macht über den Blick ausschließlich auf den Mann konzentriert, womit Williams die Frau in einer weitaus weniger marginalisierten Rolle sieht als ihre Kollegin.

Zu Beginn ihres Essays stellt Williams die Frage in den Raum, worin überhaupt das Vergnügen des weiblichen Publikums bestehen könnte, sich einen (Horror-)Film anzuschauen. Denn nach Mulveys vorangegangenen Ergebnissen lässt der dominante männliche Blick eigentlich gar keinen Raum für die »Lust am Sehen« des weiblichen Publikums. »[The Woman] only exists to be looked at«[93]. Über das Genre des »Melodramas« nähert sie sich der Beantwortung ihrer Frage an.

Laut Williams finden sich im Melodrama – sie bezieht sich vor allem auf den Filmkanon der Stummfilmjahre – zahlreiche »starke« weibliche Protagonisten, die sich auf den ersten Blick als Identifikationsfläche für ein weibliches Publikum eignen könnten. Starke, charismatische Frauen mit einem »powerful female look«. Trotzdem sind die Rollenbilder in solchen Filmen derartig asymmetrisch konstruiert, dass sich die starke Protagonistin als eine Farce entpuppt.

> »But the dubious moral status of such heroines, and the fact that they must be punished in the end, undermine the legitimacy and authentic subjectivity of this look, frequently turning it into a mere parody of the male look«[94].

Der Horrorfilm unterscheidet sich nun in einem zentralen Punkt von dem Genre des Melodramas. Durch den Körper des »Monsters« bietet sich dem weiblichen Zuschauer im Horrorfilm eine interessante Identifikationsfläche. Was zunächst wenig charmant klingt, gründet laut Williams in der Blickorganisation des Horrorfilms. Der Frau ist es möglich, sich über ihren »Blick« mit dem Monster zu identifizieren, denn beide (sowohl Frau als auch das Monster) repräsentieren ein System (sexueller) Andersartigkeit[95]. Natürlich muss bedacht werden,

93 Williams, Linda: When the Woman Looks. In: Grant, Barry Keith [Hrsg.]: The Dread of Difference. Gender and the Horror Film. University of Texas Press, Austin 1996, S. 15.
94 Williams, Linda: When the Woman Looks, S. 17.
95 Was ebenfalls in der Kastrationsangst gründet.

dass diese These ebenfalls von Mulveys Prämisse ausgeht, dass das Kino per se patriarchalisch konstruiert ist: »[...] a surprising (and at times subversive) affinity between monster and woman, in the sense in which her look at the monster recognizes their similar status within patriarchal structures of seeing«[96]. Als Beispiel für diese Affinität führt Williams einige Szenen aus dem Film THE PHANTOM OF THE OPERA (1925) an, in welchem relativ offen mit diesem Motiv gespielt wird[97]. In einer Szene betrachtet sich die Protagonistin im Spiegel, erblickt aber neben ihrem eigenen Spiegelbild schemenhaft den Körper des Monsters.

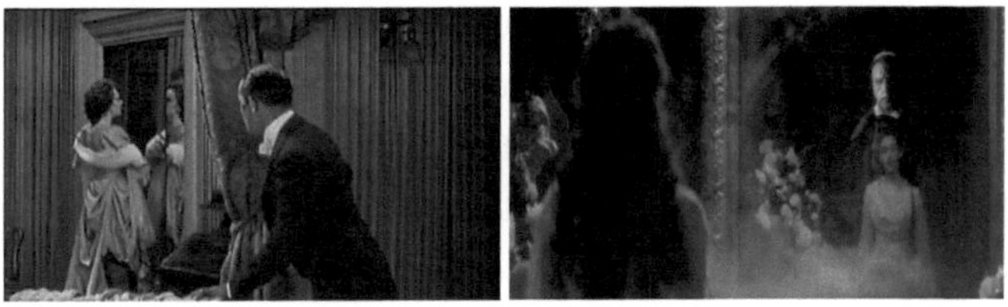

Durch den Spiegel zum PHANTOM DER OPER – 1925 und 2004

In einer anderen Szene wird die Protagonistin durch die Vertrautheit des Blicks des Monsters paralysiert, während die männlichen Darsteller den Blick souverän ertragen können.

Aufgrund ihrer psychoanalytischen Lesart misst Williams der sexuellen Komponente ähnlich wie Mulvey große Wichtigkeit zu. Für sie liegt die Stärke und Macht des Monsters in der sexuellen Andersartigkeit im Vergleich zum »normalen« Mann.

> »In this difference he is remarkably like the woman in the eyes of the traumatized male: a biological freak with impossible and threatening appetites that suggest a frightening potency precisely where the normal male would perceive a lack«[98].

96 Williams, Linda: When the Woman Looks, S. 18.
97 Ebd., S. 18ff.
98 Williams, Linda: When the Woman Looks, S. 20.

Diese Aussage funktioniert nur unter Bezug auf Freuds psychoanalytischem Konzept der Kastrationsangst. Die Kastrationsangst entsteht bei einem Jungen – sehr vereinfacht ausgedrückt – durch die Entdeckung des Geschlechtsunterschieds. Entdeckt der Junge, dass manche Menschen einen Penis besitzen, andere aber nicht, entwickelt sich in ihm die Frage, worin das seine Ursache haben könnte. In einer normalen Entwicklung kommt das Kind laut Freud zum Schluss, dass dem fehlenden Penis eine Kastration zu Grunde liege. Ab diesem Zeitpunkt sieht sich der Junge – weitgehend im Unterbewusstsein – von einer Kastration bedroht[99]. Durch das Erblicken der sexuellen Andersartigkeit des Monsters wird diese Angst laut Williams erneut abgerufen. Williams legt Wert darauf, dass die sexuelle Potenz des Monsters nicht als »an eruption of the normally repressed animal sexuality of the civilized male (the monster as double for the male viewer and characters in the film), but as the feared power and potency of a different kind of sexuality (the monster as double for the women)«[100] gelesen wird. Williams gehört damit zu einer der ersten Theoretikerinnen, die eine Verschränkung zwischen Monster und Frau beschreiben, wodurch die Frau aus ihrer komplett isolierten, marginalisierten Rolle befreit wird und erstmals einen Funken »Macht« zugeschrieben bekommt: »The strange sympathy and affinity that often develops between the monster and the girl may thus be less an expression of sexual desire [...] and more a flash of sympathetic identification«[101].

Im Verlauf des Essays versucht Williams eine Analogie zu Mulveys »The male Gaze« zu entwickeln und formuliert einige Thesen zu dem »Woman's Gaze« im Horrorfilm; Thesen, die in mancher Hinsicht

99 Vgl. Sigmund, Freud: Anwendungen der Psychoanalyse. Band 2, Frankfurt 1978, S. 160 u. 302.
100 Williams, Linda: When the Woman Looks, S. 20.
101 Ebd., S. 21.

einen überraschend positiven Unterton besitzen. Einerseits wird die weibliche Protagonistin (und auch die Zuschauerin) für ihr narzisstisches[102] Verlangen, das Monster zu betrachten, bestraft, da sie durch ihren Blick mit dem morbiden affektiven Körper des Monsters konfrontiert wird. Andererseits ist ihr Blick zum Monster auch ein Ausdruck von Stärke, weil sie sich dadurch bewusst mit ihren unterbewussten Ängsten konfrontiert[103]. Obwohl die Frau laut Williams durch die patriarchalische Struktur des Horrorfilms als das schwächere Geschlecht konstituiert wird, suggeriert ihr Akt des Schauens den Versuch, sich aus ihrer untergeordneten Rolle zu befreien. Und nicht nur das: Durch die Verschränkung von »Monster« und »Frau« schwingt auch weiterhin die Kastrationsangst mit. Da der weibliche Blick bis zu einem gewissen Grad mit dem Blick des Monsters zusammenfällt, erreicht der Blick eine für den Mann bedrohliche Qualität:

> »[...] her look even here becomes a form of not seeing anything more than the castration she so exclusively represents for the male«[104];

oder an anderer Stelle:

> »So there is a sense in which the woman's look at the monster is more than simply a punishment for looking or a narcissistic fascination with the distortion of her own image in the mirror that patriarchy holds up her: it is also a recognition of their similar status as potent threats to a vulnerable male power«[105].

Obwohl dem weiblichen Blick also eine gewisse Kraft innewohnen soll, schließt Williams ihren Essay mit einigen Bemerkungen, warum die Frau im (Horror-)Film trotzdem in die Passivität gedrängt wird.

102 Zur Erinnerung: Narzisstisch, weil das Monster durch seine sexuelle Andersartigkeit einen Spiegeleffekt besitzt.
103 Williams, Linda: When the Woman Looks, S. 20ff.
104 Ebd., S. 22.
105 Ebd., S. 23.

Anhand der Filme Peeping Tom (1960) und Dressed to Kill (1980) analysiert sie einige Mechanismen, die dazu führen, dass die Dichotomien männlich/aktiv und weiblich/passiv aufrechterhalten werden. Die beiden genannten Filme sind wichtige Vertreter des sogenannten »Slashers«, der eine entmythisierte, aber dafür besonders blutige Spielart des Horrorfilms darstellt.

Da ich auf den Slasher-Film im kommenden Kapitel im Zusammenhang mit Carol J. Clover ohnehin näher eingehen werde, und da die Erkenntnis, dass die Frau im (Horror-)Film passiv konnotiert ist, eine Übernahme der These Laura Mulveys darstellt, skizziere ich Williams Beobachtungen nur stichpunktartig: Ein Grund für die Passivität der Frau im Horrorfilm sieht Williams in der (oberflächlichen) Entsexualisierung der gängigen weiblichen Protagonistin[106]. Eine weibliche Sexualität und davon ausgehende sexuelle Wünsche sind in der filmischen Realität quasi gar nicht existent. Besonders im klassischen Horrorfilm, der sich noch stark an dem literarischen Genre der Gothic-Novels orientiert, besitzen die männlich konzipierten Monster oft eine starke sexuelle Ausstrahlung (man betrachte z. B. die zahlreichen Dracula-Verfilmungen). Die Fähigkeit, dem Monster zu widerstehen, gründet damit nicht in der Stärke der Protagonistin, sondern in ihrer sexuellen Abstinenz: »[...] in most horror films the tradition of the power of the woman ›pure of heart‹ is still going strong: the woman's power to resist the monster is directly proportional to her absence of sexual desire«[107]. Diese Passivität ist laut Williams so weitreichend, dass sexuelle Befriedigung im (Horror-)Film nur von der Frau empfangen, aber nicht gegeben werden kann. »The Film thus assumes that sexual satisfaction must be given by the aggressive man to the passive

106 Williams, Linda: When the Woman Looks, S. 28ff.
107 Ebd., S. 27.

and sufficiently attractive woman; there is no route to achieving it herself«[108].

Besonders drastisch wird diese Passivität in den sogenannten »Rape & Revenge« Filmen inszeniert[109]. In dieser Spielart des Horrorfilms kann die sublimierte Sexualität der Protagonistin laut Williams nur noch durch Vergewaltigung befriedigt werden. »The film teaches that such satisfaction cannot be actively sought; it must be received, like rape, as a gift from the gods«[110].

Es bleiben also folgende Kernthesen festzuhalten, die Laura Mulveys Konzept des »Male Gaze« ergänzen und neue Standpunkte hinzufügen:

1. Der Reiz des weiblichen Publikums, sich einen Horrorfilm anzuschauen, liegt zum Teil in der Figur des Monsters. Aufgrund seiner (sexuellen) Andersartigkeit – im Vergleich zum normalen Mann – bietet sich der Körper des Monsters als Identifikationsfläche. Auch darüber hinaus existieren Verschränkungen zwischen Monster und Frau.
2. Die Blickorganisation des Horrorfilm verleiht dem »woman's gaze« eine gewisse Macht. Denn aufgrund der Verschränkung von Monster und Frau konfrontiert der Blick der weiblichen Protagonistin den Mann mit seiner sublimierten Kastrationsangst.
3. Trotz der Macht, die dem weiblichen Blick innewohnt, nimmt die Frau in der patriarchalischen Struktur des Films

108 Ebd., S. 29.
109 Zu »Rape&Revenge«-Filmen vgl. auch: Reifenberger, Julia: Girls with Guns. Rape & Revenge Movies: Radikalfeministische Ermächtigungsfantasien? Berlin 2013. (Sexual Politics 5).
110 Williams, Linda: When the Woman Looks, S. 30.

eine dem Mann untergeordnete Rolle ein. Sie ist in der Passivität gefangen.

Carol J. Clover: Gender in Modern Horror Film

Die US-amerikanische Filmprofessorin Carol J. Clover erhielt für ihr 1992 erschienenes Hauptwerk *Men, Women, and Chainsaws: Gender in the Modern Horror Film* weit über die akademische Welt hinaus Anerkennung und bot der feministischen Filmforschung einen frischen konzeptionellen Ansatz zur Untersuchung von Geschlechtlichkeit im Horrorfilm. In ihrem Buch geht sie – genau wie schon zahlreiche TheoretikerInnen zuvor – der Frage nach, worin der Reiz des Publikums bestehen könnte, sich Horrorfilme anzuschauen, und wie die Konstruktion von Geschlechtlichkeit in ihnen gestaltet ist. Dabei lauten ihre zentralen Leitfragen: Ist für Männer Sadismus der Hauptbeweggrund für die Rezeption von Horrorfilmen, weil sie Lust dadurch verspüren, Frauen leiden zu sehen? Und wie verträgt sich das mit dem Fakt, dass der über das Böse triumphierende Held zumeist weiblich ist?

Durch ihre Analyse verschiedener Sub-Genres des Horrorfilms (*Slasher*, *Possession-Movie* und *Rape & Revenge*-Film) kommt sie zu dem Schluss, dass der Sadismus nur eine untergeordnete Rolle spielt. In ihrer berühmten »Final Girl«-Theorie zeigt sie auf, dass die Geschlechtskonstruktionen im Horrorfilm nicht eindeutig sind. Laut Clover ermöglichen fließende Gender-Grenzen es dem männlichen Schauspieler, sich mit der weiblichen Protagonistin oder Heldin zu identifizieren. Dem männlichen Fan von Horrorfilmen wird dadurch über den

Körper der Frau ebenfalls eine Affektwirkung ermöglicht. Diese Theorie ist in der Hinsicht wichtig, dass sie nicht von starren Genderkonstruktionen ausgeht, wie die Konzepte des »Male Gaze« und »Woman's Gaze«. Für meine Arbeit konzentriere ich mich auf ein Kapitel aus ihrem Buch, das den »Slasher«-Movie behandelt, denn in dieser Spielart des Horrorfilms sticht das Motiv des Final Girls am deutlichsten hervor.

Clover beginnt ihr Essay[111] mit einer generellen Umschreibung des Slasher- Genres und seiner zentralen Motive, bevor sie näher auf den Gender-Aspekt und die Blickorganisation eingeht. Laut Clover eignet sich der Slasher besonders gut für eine feministische Untersuchung, weil er sich – ähnlich wie der ebenfalls als Body Genre geltende Porno – außerhalb eines etablierten ästhetischen Systems bewegt. Durch diesen Ausbruch aus der »civilized routine« gewinnt das Genre an Transparenz – auch in Hinblick auf die Genderkonstruktionen und die große Wertlegung auf das (blutige) Körperspektakel[112]. »[...] slasher films present us in startlingly direct terms with a world in which male and female are desperate odds but in which, at the same time, masculinity and femininity are more states of mind than body«[113].

Das wohl elementarste Merkmal des Slashers ist die stets gleichbleibende Story-Formel, die seit Hitchcocks Psycho (1960), den sie als den »ancestor of the slasher film«[114] bezeichnet, von Film zu Film nur geringste Variation erfährt; eine Formel, die sich in einem einzigen Satz zusammenfassen lässt: Ein psychisch gestörter Killer jagt (meist

111 Ihre Erläuterungen zum Slasher erschienen erstmals 1987 als eigenständiger Artikel in der Fachzeitschrift Representations 20. Das äquivalente Kapitel in ihrem Buch ist eine überarbeitete Version des Essays. Vgl. Clover, Carol J.: Men, Women, and Chainsaws: Gender in the Modern Horror Film. Princeton University Press 1992.

112 Ebd., S. 22.

113 Ebd., S. 22.

114 Ebd., S. 23

sexuell) attraktive Frauen, die er mit einer zumeist spitzen Waffe ermordet, bis ihn das »Final Girl« aufhalten kann – aber niemals endgültig. Zumeist ändert sich nur das Setting oder die Prämisse, in dem das blutige Gemetzel stattfindet, was sie anhand der beiden kommerziell sehr erfolgreichen Prototypenfilme des Genres HALLOWEEN (1978) und A NIGHTMARE ON ELM STREET (1984) dem Außenstehenden aufzeigt[115]. In HALLOWEEN bricht der mit übermenschlichen Kräften ausgestattete Killer Michael Myers aus einer Irrenanstalt aus, um augenscheinlich wahllos die jungen Frauen einer typischen amerikanischen Kleinstadt zu jagen. In A NIGHTMARE ON ELM STREET wird der Kinderschänder Freddy Krueger von einem wütenden Mob gelyncht und sucht daraufhin die – zumeist weiblichen – Jugendlichen der Stadt aus dem Totenreich heraus heim. Allein diese beiden Filme kommen insgesamt auf 18 (!) Sequels[116], in denen der Plot nur geringfügig variiert wird. Worin kann also die Faszination dieses Genres bestehen? Clover versucht die Ursache in der sublimierten Sexualität zu finden, die dem Slasher anhaftet.

Die Killer des Slasher-Films besitzen vier auffällige Gemeinsamkeiten, die sich teilweise dichotom gegenüberstehen, aber sich trotzdem in einem einzigen Körper manifestieren:

1. Sie folgen keiner eindeutigen Gender-Konstruktion.
2. Ihre Sexualität ist in irgendeiner Form pervertiert.
3. Sie werden hypermaskulinisiert inszeniert.
4. Dem Zuschauer wird suggeriert, dass das natürliche Geschlecht des Killers männlich ist.

Laut Clover sind die Gender-Grenzen des Killers fließend[117], was sie anhand einiger Beispiele illustriert. Norman Bates aus Hitchcocks

115 Vgl. ebd., S.24f.
116 www.imdb.com (letzter Zugriff: 24.01.2013)
117 Clover, Carol J.: Men Women and Chainsaws, S. 27f.

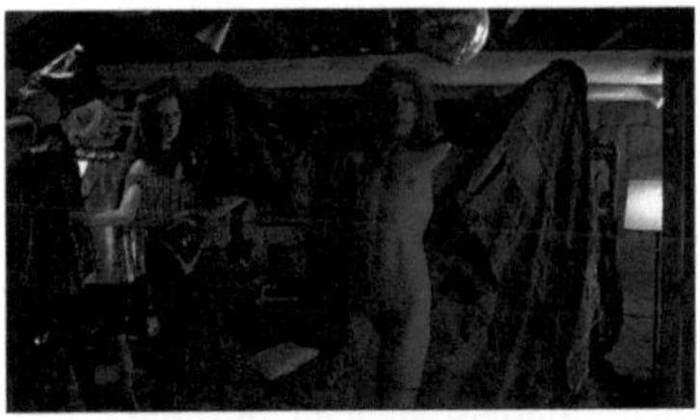

Auflösung der Geschlechtergrenzen im SCHWEIGEN DER LÄMMER

PSYCHO trägt während seiner Morde die Kleidung seiner verstorbenen Mutter. Aufgrund seiner psychischen Störung hat er eine gespaltene Persönlichkeit entwickelt, durch die er seine Mutter imitiert. Zum Opfer fallen ihm Frauen, die ihn mit ihrer Attraktivität sexuell erregen und zeitgleich seine »feminine« Persönlichkeit erwecken. Ein häufig wiederkehrendes Motiv im Slasher Genre, das z. B. in der Figur des Buffalo Bills in THE SILENCE OF THE LAMBS (1991) seine Superlative findet. Der metro- bzw. transsexuelle Buffalo Bill macht Jagd auf Frauen, um sich aus ihrer Haut einen Anzug zu schneidern. Hier werden Geschlechter-Grenzen nicht nur im übertragenen, sondern im wörtlichen Sinne überschritten.

Trotz dieser Cross-Gender-Ebene besitzen Slasher-Filme Momente, in denen der Killer laut Clover in einem Zustand der Hypermaskulinität dargestellt wird. Die Killer begehen ihre Morde ausnahmslos mit Waffen, die zum Töten physische Kraft benötigen und Körpergrenzen penetrieren. Messer, Nadeln, Schraubenzieher, Eispickel etc. stellen für Clover eindeutige »phallic symbols« dar, mit denen der feminine Körper penetriert wird[118]. In THE TEXAS CHAINSAW MASSACRE PART 2 (1986) mordet der Killer Leatherface mit einer Kettensäge, die er häufig in eindeutig sexuellen Posen präsentiert. Selbst Waffen, die in ihrer äußeren Form von einem Phallussymbol abweichen, werden als ein solches inszeniert.

118 Vgl. ebd., S. 30.

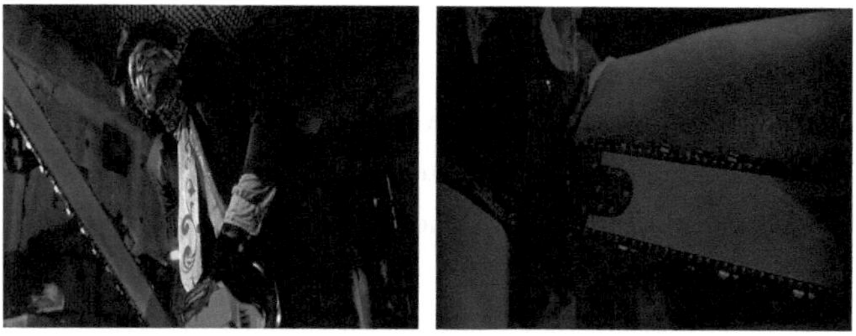

Die Sexualisierung der Kettensäge in THE TEXAS CHAINSAW MASSACRE 2

Obwohl die Figur des Killers in diesem Genre stringent als asexuell inszeniert wird,besitzt ihre Gewalttätigkeit eine sexuelle Konnotation. Norman Bates' (PSYCHO) »Trigger« für Gewalt ist sexuelle Erregung, Michael Myers (HALLOWEEN) begeht seinen ersten Mord, als er mit der Sexualität seiner Schwester konfrontiert wird, und Freddy Krueger (NIGHTMARE ON ELM STREET) ist ein überführter Kinderschänder. Der Killer im Slasher ist also eine Figur, die eine sexuelle Dimension aufweist und in mehrfacher Hinsicht Grenzen, u.a. kulturelle Grenzen, angreift, überschreitet und penetriert.

Aber auch die Seite der Opfer weist eine sexuelle Dimension auf. Clover stellt in ihrer Analyse fest, dass der Killer eine »bestrafende Funktion« besitzt[119]. Auf die (hetero)sexuellen Handlungen der Protagonisten folgt meist ein tödliches Eingreifen des Killers. »Postcoital death, above all when the circumstances are illicit, is a staple of the genre«[120]. An dieser Stelle erkennt Clover ein Phänomen der patriarchalischen Struktur des Films und ähnelt an dieser Stelle in ihrer Lesart ihren psychoanalytischen Kolleginnen Mulvey und Williams. Clover stellt fest, dass die sexuellen Handlungen zumeist in einer prekären »unauthorized Situation« stattfinden. Kulturelle Normen, wie

119 Ebd., S. 32.
120 Ebd., S. 33.

z. B. die Institution der Ehe, werden von den Protagonisten missachtet und gebrochen[121]. Ein nicht zu missachtendes Detail besteht darin, dass sowohl der Mann als auch die Frau für ihre Handlungen bestraft werden, der Frau aber deutlich seltener eine Flucht gelingt. Und auch die filmische Inszenierung unterscheidet sich zwischen den Geschlechtern:

> »The death of a male is moreover more likely than the death of a female to be viewed from a distance, or viewed only dimly (because of darkness or fog, for example), or indeed to happen offscreen and not to be viewed at all«[122].

Die Frau wird laut Clover also in einem deutlich höheren Ausmaß für das Zeigen ihrer Sexualität bestraft.

An diese Stelle knüpft Clovers Analyse des »Final Girls« an. Das Final Girl ist zumeist – aber nicht zwingend – die Hauptprotagonistin des Films, der Charakter, der sich am effektivsten gegen den Killer behauptet, überlebt und letztendlich über ihn triumphiert. Zugleich ist sie die Figur, die die meiste Gewalt erfährt:

> »She is the one who encounters the mutilated bodies of her friends and perceives the full extent of preceding horror and of her own peril; who is chased, concerned, wounded; whom we see scream, stagger, fall, rise and scream again. She is abject terror personified«[123].

Eine der Ausgangsfragen dieses Kapitels war es, worin die Lust für den männlichen Zuschauer bestehen könnte, dass das Final Girl über den Killer triumphiert. Carol sieht die Antwort darin, dass das Final Girl mit maskulin assoziierten Elementen versehen ist[124]. Im Verlauf der Narration gelingt es dem Final Girl, dem Killer seine »phallischen«

121 Vgl. ebd., S. 33f.
122 Ebd., S. 35.
123 Ebd., S. 35.
124 Vgl. ebd., S. 35ff.

Waffen abzunehmen. Meist wird der Killer durch sein eigenes Werkzeug gerichtet: klaffende Wunden geschlagen, sein Körper geöffnet. Im ästhetischen Sinne wird der Killer von dem Final Girl durch ihre Gewalteinwirkung zusätzlich »feminisiert«. Durch die Figur des Final Girls wird die Frau aus ihrer Passivität gerissen, sie gewinnt im Verlauf der Handlung zunehmend die aggressive, *aktive* Rolle. Auffallend ist zudem, dass das Final Girl oft mit einem metrosexuellen oder auch schlichtweg männlichen Namen versehen ist. »The Final Girl is boyish, in a word. Just as the killer is not masculine, she is not fully feminine – not in any case, feminine in the ways of her friends«[125]. Obwohl hier eindeutig Genderkonstruktionen aufgebrochen und hinterfragt werden, besitzt das Konstrukt des Final Girls laut Clover trotzdem einen faden Beigeschmack. Denn eine Ursache, dass sie den Killer überlebt, gründet darin, dass sie sich den patriarchalischen, kulturellen Konventionen beugt: »She is the Girl Scout, the bookworm, the mechanic. Unlike her girlfriends [...] she is not sexually active«[126].

Auch bezüglich der Blickorganisation des Horrorfilms kommt Clover zu einem deutlich positiveren Urteil als Mulvey und Williams. Sie erkennt zwar an, dass ein nicht geringer Teil der Handlung aus der Perspektive des Killers gezeigt wird – was nach den klassischen »principles of screenwriting« eigentlich eine Identifizierung mit dem Killer suggerieren soll[127] – misst dem aber nicht allzu viel Gewicht bei[128].

125 Ebd., S. 40.
126 Ebd., S. 39.
127 Vgl. McKee, Robert: Story. Substance, structure, style, and the principles of screenwriting. London 1999, S. 362ff.
128 Die Erkenntnis, dass für die Identifikation des Rezipienten mit dem Protagonisten neben der Empathie auch persönliche Gemeinsamkeiten entscheidend sind – wie z. B. die Geschlechterzugehörigkeit –, stammt aus der Dramaturgie und wird bereits seit Aristoteles diskutiert. Wobei die Frage nach dem Stellenwert der Geschlechterzugehörigkeit vor allem in der linksorientierten feministischen Filmtheorie fokussiert wird. Allerdings ist die Frage nach den dramaturgischen Mechanismen zur Identifikation momentan ohnehin ein sehr vitales Feld, das z. B. durch den Videospiel-

Denn die durchlässige und ambivalente Geschlechtskonstruktion im Slasher ermöglicht es dem Zuschauer, sich über die »Gender-Lines« hinweg mit den unterschiedlichen Figuren des Films zu identifizieren. »What filmmakers seem to know better than film critics is that gender is less a wall than a permeable membrane«[129]. Hinzu kommt, dass Clover den weiblichen »Blick« nicht für ausschließlich passiv hält, wie viele ihrer Kolleginnen. So soll das Final Girl über einen »active investigating gaze« verfügen. Ab einem gewissen Zeitpunkt in der Handlung beginnt das Final Girl, den Killer aktiv zu suchen, körperlich und mit ihrem Blick, um ihren Häscher schließlich zur Strecke zu bringen. Oder mit anderen Worten: Sie löst sich aus der Passivität und nimmt die aktive Rolle ein[130]. Ein Kritikpunkt, den man an Clovers Thesen äußern könnte, lautet: Worin besteht das Progressive, wenn man eine weibliche Figur mit positiven – allerdings trotzdem männlich assoziierten – Eigenschaften versieht? Werden dadurch Gender-Konstruktionen tatsächlich aufgebrochen und hinterfragt? Clover gibt dazu eine eindeutige Antwort:

> »[...] the willingness of one immensely popular current genre to represent the hero as an anatomical female would seem to suggest that at least one of the traditional marks of heroism, triumphant selfrescue, is no longer strictly gendered masculine«[131].

Es bleiben also folgende Thesen Clovers festzuhalten:

1. Sowohl die Gender-Grenzen des Killers als auch des Final Girls, sind porös und fließend. Das ermöglicht dem Zuschauer Identifikationsmöglichkeiten, die über sein

Dramaturgen und PR-Director Martin Lorber der Firma Electronic Arts neue Impulse erhält.

129 Clover, Carol J.: Men Women and Chainsaws, S. 46.

130 Vgl. ebd., S. 48f.

131 Ebd., S. 60.

eigenes anatomisches und sozialisiertes Geschlecht hinausgehen. Dadurch greift das Erklärungsmuster, dass Männer Horrorfilme nur aus sadistischen und Frauen nur aus masochistischen Motiven rezipieren, zu kurz.

2. Der Horrorfilm – und im besonderen Maße der Slasher – greifen die Dichotomien männlich/aktiv sowie weiblich/passiv an. Die Protagonistin verfügt über einen »active investigating gaze«.
3. Trotz dieser progressiven Elemente sind patriarchische Grundstrukturen (z. B.: die weiblichen Opfer werden für ihre Sexualität bestraft) nicht von der Hand zu weisen.

Insgesamt stellt Carol J. Clover dem Horrorfilm ein weitaus besseres Zeugnis aus als ihre Kolleginnen Williams und Mulvey. Obwohl patriarchalische Grundstrukturen zu erkennen sind, trägt der Horrorfilm allein durch die Aufnahme und Präsentation dieser Strukturen dazu bei, sie zu hinterfragen. Auf den letzten Seiten des untersuchten Kapitels ihres Essays äußert sich Clover abschließend gezielt zu der Frage, die auch einen der Ausgangspunkte meiner Arbeit darstellt: Auf die Feministin Tania Modleski bezugnehmend schreibt sie:

> »[...] And Tanja Modleski rests her case against the Frankfurt School-derived critique of mass culture on the evidence of the slasher, which does *not* propose a spurious harmony; does *not* promote the ›specious good‹ (but indeed often exposes and attacks it); does not ply the mechanisms of identification, narrative continuity, and closure to provide the sort of narrative pleasure constitutive of the dominant ideology«[132].

132 Ebd., S. 64.

Exkurs: Julia Kristevas Abjekttheorie

In den vergangenen Kapiteln wurde bereits an mehreren Stellen angesprochen, dass es ein wiederkehrendes Motiv von Horrorfilmen ist, »Grenzen« in irgendeiner Form zu durchbrechen oder zu überschreiten, ein Phänomen, auf das Barbara Creed bei ihrer Analyse des »Monstrous-Feminine« im Horrorgenre einen besonderen Fokus legt. Ist es möglich, dass ein Teil des Ekels, der durch den Horrorfilm ausgelöst wird, nicht nur in den drastischen Bildern begründet liegt, sondern schlichtweg in dem Motiv der »Grenzüberschreitung«? Um diese Vermutung zu untermauern, nutzt Creed die Abjekttheorie der bulgarischen Psychoanalytikerin Julia Kristeva. Da die Abjekttheorie ein wichtiger Schlüssel zum Verständnis für Creeds Thesen darstellt, soll hier im Vorfeld der nötige Platz zur Erläuterung dieser Theorie eingeräumt werden.

Im Allgemeinen beschreibt die Abjekttheorie »Dinge«, die beim Menschen eine heftige Abwehrreaktion hervorrufen, was sich in Form von Ekel oder anderen körperlichen Reaktionen äußert[133]. Hervorzuheben ist allerdings, dass der Begriff der Abjektion nicht das den Ekel auslösende Objekt bezeichnet, sondern die Beziehung einer Person zu diesem und ihre Bewältigungsstrategie.

Ein Ansatzpunkt zur Erklärung, warum das Abjekte heftige Abwehrreaktionen hervorruft, sieht Kristeva in dem Begriff der Subjektkonstitution. Der Prozess der Subjektkonstitution – also sozusagen die Subjektwerdung eines Individuums – beginnt mit der Loslösung des Kindes von der Mutter[134]. Das Abjekte erinnert das Individuum an

133 Vgl. Creed, Barbara: The Monstrous Feminine. Film, Feminism, Psychoanalysis. London 2007, S. 8-16.

134 Vgl. Wirth, Uwe. In: Nünning, Ansgar[Hrsg.]: Metzler Lexikon. Literatur- und

einen vorsprachlichen Zustand jenseits der Subjekt-Objekt-Differenz; also eine Zeit, in welcher dem Individuum noch keine Unterscheidung zwischen »dem Selbst« und »dem Anderen« möglich war[135]. Hierbei stellt das Abjekte auch immer eine Art Versuchung für das Subjekt dar, wieder in diesen kindlichen Zustand vor der Differenz zurückzufallen. Auf das Thema »Body Genres« bezogen, sind hier z. B. die zahlreichen Szenen aus Horror- und Kriegsfilmen[136] zu nennen, in denen ein Mann im Todeskampf nach seiner Mutter ruft. Kurz gesagt: Das Abjekte ist das, was das Subjekt abstoßen und hinter sich lassen muss, um erst zum Subjekt und damit einem Teil der symbolischen Ordnung werden zu können[137].

»Die symbolische Ordnung« ist ein Begriff, der ebenfalls auf Jaques Lacan zurückgeht und – pragmatisch ausgedrückt – die Ordnung der Sprache und Diskurse bezeichnet. Das Symbolische umfasst sozial relevante Ordnungen, »die jeder von uns in der Sozialisation internalisiert und deren Einhaltung durch Sanktionen gesichert wird [...]«[138]. Damit stellt die symbolische Ordnung z. B. sicher, dass Menschen den nötigen »Background« haben, um miteinander kommunizieren zu können[139]. Sie lässt sich aber auch auf weitere Aspekte der Kultur und Ökonomie ausweiten.

Barbara Creed greift zur Analyse des weiblichen Körpers im Horrorfilm einen Ansatzpunkt besonders intensiv auf: Den Aspekt der

Kulturtheorie, 2008 Stuttgart, S. 1f. Schlagwort: Abjekt.

135 Vgl. Ebd., S. 2.

136 Michael Wedel beschreibt in seiner Arbeit *Körper, Tod und Technik – Der postklassische Hollywood-Kriegsfilm als reflexives Body Genre* (In: Hoffmann, Dagmar (Hrsg.): Körperästhetiken. Filmische Inszenierungen von Körperlichkeit. Bielefeld 2010, S. 77-100) die Transformation des klassischen Kriegsfilms zu einem Body Genre.

137 Vgl. Nünning, Ansgar [Hrsg.]: Metzler Lexikon. Literatur- und Kulturtheorie, 2008 Stuttgart, S. 2.

138 Ebd., S. 371, Schlagwort: Kommunikationstheorie.

139 Vgl. Ebd., S. 371

»borders«: »According to Kristeva, the abject is that which does not ›respect borders, positions, rules‹, that which ›disturbs identity, system, order‹«[140]. Das Überschreiten von Grenzen und Linien des Körpers oder des Subjekts ist ein zentraler Punkt in der Abjekttheorie. Wie ich anhand von Clovers Thesen zum »Slasher-Film« erläutert habe, geschieht das im Horrorfilm z. B. durch die Einwirkung phallischer Gegenstände (Messer, Spitzhacken etc.) auf Körper oder durch sonstige Gewaltausübung, die in oft stark übervisualisierten Bildern dargestellt wird. Hier ergibt sich für Creed eine interessante Verbindung: Laut Kristeva liegt darin ebenfalls die Ursache begründet, warum Nahrungsmittel Abjektionen auslösen oder sogar die elementarste Form des Abjekten darstellen[141]. Denn Nahrung zeigt dem Menschen deutlich die Permeabilität seines Körpers auf und wird mit der Absonderung von Körperflüssigkeiten und anderen Ausscheidungen assoziiert[142]. Aus diesem Grund stellt eine Leiche – die in nicht unerheblicher Zahl in den Body Genres vorkommt – die ultimative Abjektion dar, da sie ein Körper ist, der sich im Prozess der Verflüssigung befindet oder diesen bereits vollzogen hat[143]. Oder in Kristevas Worten:

> »The body's inside, in that case, shows up in order to compensate for the collapse of the border between inside and outside. It is as if the skin, a fragile container, no longer guaranteed the integrity of one's ›own and clean self‹ but, scraped or transparent, invisible or taut, gave way before the dejection of it's contents. Urine, blood, sperm,

140 Creed, Barbara: The Monstrous Feminine, S. 8.

141 Vgl. ebd., S. 8-16.

142 Vgl. Kristeva, Julia: Powers of Horror. An Essay on Abjection. Columbia University Press 1982, S. 105. (online: http://www.csus.edu/indiv/o/obriene/art206/readings/kristeva%20-%20powers%20of%20horror%5B1%5D.pdf; übers. v. Leon S. Roudiez; letzter Zugriff 16. Januar 2014).

143 Vgl. ebd., S. 8 - 16.

> excrement then show up in order to reassure a subject that is lacking its ›own and clean self‹«[144].

Zudem ist es auffallend, dass das Abjekte stets im Kontext wichtiger Dichotomien anzutreffen ist, die für das menschliche Zusammenleben elementar sind: Menschlich/animalisch, Recht/Unrecht, moralisch/unmoralisch.

> »The abject confronts us, on the one hand, with those fragile states where man strays on the territories of *animal.* Thus, by way of abjection, primitive societies have marked out a precise area of their culture in order to remove it from threatening world of animals or animalism, which were imagined as representatives of sex and murder«[145],

so Kristeva. Von daher ist es auch nicht überraschend, dass sich um diese Dichotomien innerhalb des Horrorfilms eigene Sub-Genres entwickelt haben. So konzentriert sich z. B. der sogenannte »*Tierhorrorfilm*« auf genau diese poröse Grenze zwischen Menschlichem und Animalischem; oder der von Clover analysierte »*Occult Horror*« bzw. »*Possession Movie*« orientiert sich entlang der Grenze moralisch/unmoralisch sowie der gesellschaftlichen und religiösen Strukturen, in welche diese Dichotomie eingebettet ist[146]. »Abjection accompanies all religious structuring and reappears, to be worked out a new guise, at the time of their collapse«[147].

Daher bleibt abschließend zu erwähnen, dass die Abjektion nicht ausschließlich negativ konnotiert ist, sondern auch wichtige kulturstiftende Funktionen erfüllt.

---

144 Ebd., S. 9.
145 Ebd., S. 13.
146 Clover rückt den »Possession Movie« in die Nähe des »Slashers« und kommt bei ihrer Analyse zu ähnlichen bis konvergenten Ergebnissen. Vgl. Clover, Carol J.: Men Women and Chainsaws, 65ff.
147 Kristeva, Julia: Powers of Horror, S. 17.

»Although the subject must exclude the abject, it must, nevertheless, be tolerated, for that which threatens to destroy life also helps to define life«[148]. An diesem Zitat lässt sich ablesen, dass das Abjekte nicht nur damit droht, Grenzen zu durchbrechen, sondern dem Subjekt dabei hilft, Grenzen überhaupt erst zu erschaffen und wahrzunehmen. Es nimmt damit also eine zentrale Rolle im Prozess der Subjektkonstitution ein. Solche Prozesse finden nicht nur beim Individuum, sondern auch übergeordnet bei einer gesamten Kultur oder »civilisation« statt. Das unterstreicht z. B. Williams' These, dass Body Genres und Kultur immer in einer Wechselwirkung zueinander stehen. Zusammenfassend gesagt, hilft die Abjektion kulturelle Grenzen und Regeln überhaupt erst zu konstituieren. In der westlichen Welt umfassen diese kulturellen Regeln z. B. das Inzesttabu oder den Verzicht auf Kannibalismus.

Nach diesen Thesen hilft der Horrorfilm dabei, solche kulturellen und gesellschaftlichen Konventionen zu reproduzieren, indem der Zuschauer immer wieder mit solchen Regel- und Tabubrüchen konfrontiert wird. Dabei besitzt es natürlich auch einen nicht zu vernachlässigenden Unterhaltungswert, sich von der Sicherheit des Kinosessels aus dem Abjekten auszusetzen[149]. Das liegt einerseits – wie bereits angesprochen – daran, dass das Abjekte auch eine subjektstiftende Komponente besitzt, andererseits daran, dass abjekte Motive in einigen Spielarten des Horrorfilms ins Groteske gesteigert werden. Neben der Schutzreaktion, durch Lachen eine Distanz zu dem Dargestellten herzustellen, sind Szenen schlichtweg visuell so überdreht, dass von ihnen ein gewollter oder ungewollter Unterhaltungswert ausgeht. Beson-

148 Creed, Barbara: The Monstrous Feminine, S. 9.
149 Vgl. Ebd., S. 10ff.

ders deutlich tritt dies bei dem Sub-Genre der weiter unten vorgestellten »Melt-Movies« in Erscheinung.

Des Weiteren visualisiert sich das Abjekte im Horrorfilm in der Gestalt des Monsters. Als Beispiel seien hier der Vampir, der Ghoul, der Kannibale etc. genannt. Die Gemeinsamkeit dieser zunächst in Optik und Auftreten sehr unterschiedlich wirkenden Monster besteht darin, dass es für jeden dieser genretypischen Prototypen charakteristisch ist, in irgendeiner Form (Körper)»Grenzen« zu durchbrechen. Mit seinen Eckzähnen durchstößt der Vampir die Körperhülle seiner Opfer, um ihnen das Blut auszusaugen. Der Kannibale bricht das elementare Tabu des Kannibalismus und der Ghoul kombiniert sofort eine Vielzahl solcher Regelbrüche.

Interessant ist, dass der Horrorfilm ein Sub-Genre hervorgebracht hat, das das Motiv der »Grenzdurchbrechung« bis ins Groteske strapaziert. Die sogenannten »Melt-Movies« haben es sich zum Inhalt gemacht, die Darstellung von Körperflüssigkeiten und die Verflüssigung von Körpern möglichst drastisch darzustellen. Als Beispiel lässt sich an dieser Stelle der Film Street Trash (1987) anführen, dessen »Toilet Meltdown« Szene repräsentativ für das gesamte Sub-Genre genommen werden kann[150].

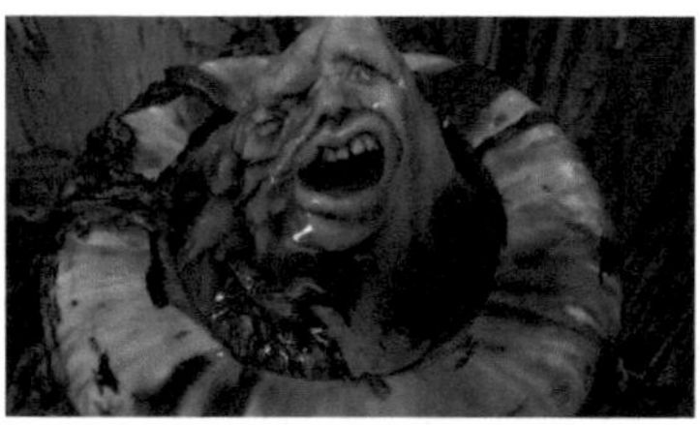

Dahinschmelzen auf der Toilette in Street Trash

Dabei fließt im Vergleich zu anderen Sub-Genres sogar relativ wenig Blut bzw. es wird teilweise komplett auf die Darstellung von Blut verzichtet. Trotzdem affizieren diese Filme den Zuschauer-

150 http://www.youtube.com/watch?v=3qP3Tx19w7c (letzter Zugriff: 12.02.2013)

körper nicht unerheblich und rufen meist eine heftige körperliche Abwehrreaktion und Ekel hervor. Der Abjekttheorie zufolge sind die somatischen Reaktionen des Zuschauerkörpers also zugleich ein (Schutz-)Mechanismus, um das »emotionale Spektakel« auf der Leinwand verarbeiten zu können.

Barbara Creed: The Monstrous-Feminine

Barbara Creed attackiert in ihrem Hauptwerk *The Monstrous-Feminine* die Theorie des dominanten männlichen Blicks und widerspricht der Aussage, dass Frauen im Horrorfilm per se als das schwache Geschlecht konstituiert werden. Mit Hilfe von Kristevas Abjekttheorie argumentiert sie, dass das Feminine im Horrorfilm als »monstrous« und damit als potentiell bedrohlich dargestellt wird.

Hierbei unterscheidet sie zwei Arten der monströsen Weiblichkeit:

1. die monströse Weiblichkeit bezüglich Mütterlichkeit und der Reproduktionsfähigkeit des weiblichen Körpers[151].
2. die monströse Weiblichkeit in Hinblick auf ihre (potentiell aggressive) weibliche Sexualität[152].

Letzteres hinterfragt die etablierten Thesen Freuds zur Kastrationsangst[153]. Laut Creed wirkt die Frau nicht erschreckend, weil sie *kastriert* ist, sondern weil von ihr ausgehend die Phantasie der Frau als

151 Vgl. Creed, Barbara: The Monstrous Feminine, S. 16-73.
152 Ebd., S. 88ff.
153 Die Herausarbeitung der von Creed in der zweiten Hälfte ihres Buches vorgestellten Thesen zur »Femme Castratrice« würde für die Beantwortung der Leitfrage dieser Arbeit eine Dopplung darstellen. Daher beschränke ich mich an dieser Stelle auf eine stichpunktartige Präsentation, da die wesentlichen Aspekte bereits mit der Vorstellung der fünf Repräsentationsarten »monströser Weiblichkeit« deutlich werden.

Kastrierende reflektiert wird, womit gleichzeitig die Dichotomien männlich/aktiv sowie weiblich/passiv aufgebrochen werden.

Im Vorfeld habe ich bereits Creeds Thesen zu Grunde liegende Abjekttheorie isoliert vorgestellt. Da *The Monstrous-Feminine* eine der bisher umfangreichsten Analysen des (weiblichen) Filmmonsters darstellt, können Creeds Ergebnisse an dieser Stelle nicht in Gänze abgebildet werden. Daher soll dieses Kapitel der Zusammenfassung davon dienen, mit welchen sieben Gesichtern »weibliche Monstrosität« im Horrorfilm in Erscheinung tritt und welche Position der Frau sich daraus ableitet. Die ersten fünf »Gesichter« beziehen sich auf die Darstellung des Monströsen in Zusammenhang mit abjekten Motiven. Die beiden verbleibenden »Gesichter« beziehen sich auf eine »Femme Castratrice« im Kontext von Freuds Kastrationstheorie. Im nächsten Kapitel werde ich die von Creed herausgearbeiteten Motive anhand eines weiteren Filmbeispiels, das in Creeds Analyse noch nicht erwähnt wurde, erneut überprüfen.

Die Gemeinsamkeit der verschiedenen von Creed herausgearbeiteten Motive besteht darin, dass sie Visualisierungen des Abjekten darstellen, die allesamt weiblich konnotiert sind. Ähnlich wie Williams sieht Creed eine Verschränkung zwischen Frau und Monster, zieht aus ihrer Analyse aber drastischere Schlussfolgerungen. Das Weiblich-Abjekte äußert sich laut Creed in folgenden Phänomenen im Horrorfilm:

The Archaic Mother: Sie steht für die »allmächtige Mutter«, von der sich das Kind/Subjekt nicht lösen kann, und definiert sich rein über die Funktionen der Fortpflanzung und Fruchtbarkeit. Anhand des Films Alien (1979) beschreibt Creed dieses wiederkehrende Motiv und nähert sich ihm über die Analyse von »primal scenes« bzw. »scenes of birth« an, die im Horrorfilm häufig vorzufinden sind. Laut Creed geht das Unbehagen, das von der Inszenierung von Geburtsszenen ausgeht, auf ein Phänomen zurück, das ursprünglich von Freud beschrieben wurde.

> »Every child either watches its parents in the act of sexual intercourse or has phantasies about that act. These phantasies are about origins: the primal scene represents to the child its own origins in its parents' lovemaking; the seduction phantasy is about the origin of sexual desire; and the phantasy of castration pictures the origin of sexual difference«[154].

Nach Freud entsteht durch solche Beobachtungen im Kind die elementare Frage »Where come Babys from?«, die es mit Hilfe von anderen Beobachtungen versucht zu beantworten.

> »[...] Freud argued that all children arrive at the same conclusion. In *The sexual theories of children* he stated that children may ›adopt what may be called a *sadistic view of coition*‹ [...] If the child perceives, whether in reality or phantasy, the primal scene as a monstrous act it may phantasize animals or mythical creatures as taking part in the scenario«[155].

Die unnatürlichen, abjekten und gewalttätig konnotierten »scenes of birth« rufen also diese Urphantasie des Menschen ab und reproduzieren sie. Der Zuschauer wird auf subtiler Ebene in eine Phase seiner Entwicklung zurückgeführt, die von Abhängigkeiten und Unselbstständigkeit geprägt war; eine Entwicklungsphase, in der sich das Kind noch nicht von der Mutter gelöst hat.

Im Film Alien gibt es eine »scene of birth«, die Kinogeschichte geschrieben hat und in ihrer Darstellung kaum drastischer sein könnte. Ein Mitglied des Raumfrachters »Nostromo« wird von einem außerir-

154 Creed, Barbara: The Monstrous Feminine, S. 17.
155 Ebd., S. 18.

dischen Parasiten befallen. Da keine äußeren Verletzungen erkennbar sind, unterschätzt die restliche Crew das Risiko. In der entscheidenden Szene bricht der herangereifte Alien-Parasit in einem unerwarteten Moment eindrucksvoll aus dem Brustkorb des Wirts hervor.

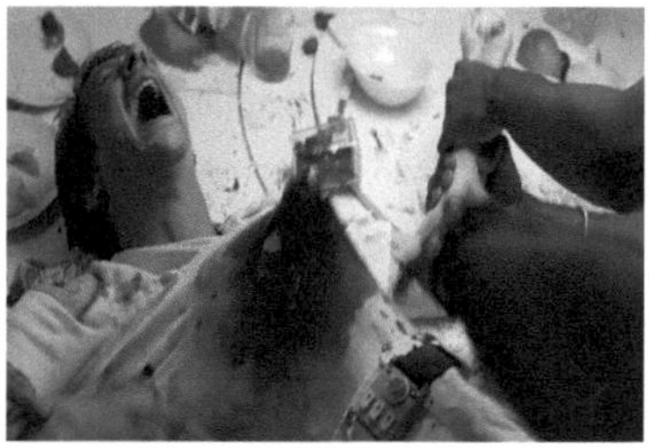
Ausbruch des Alien

Eine Besonderheit in Creeds Konzept besteht darin, dass sich die von ihr beschriebenen Motive zwar in der Figur des Monsters manifestieren *können*, aber nicht *müssen*. Ihre Lesart bezieht sich eher auf die Gesamtästhetik eines Films. So deutet sie z. B. auch eine Szene als »primal scene«, in welcher lediglich eine Rettungskapsel das Raumschiff verlässt (das in seiner Form allerdings an einen Uterus erinnert und dessen Herzstück – ein sprachbegabter Supercomputer – als »mother« betitelt wird).

Der Aspekt der Fruchtbarkeit der archaischen Mutter gründet ebenfalls tendenziell in einer ästhetischen Motivation und wird über die Mise-en-scène eines Films transportiert. Laut Creed werden im Horrorfilm häufig Bilder eines »cannibalizing black hole« produziert, die mit den weiblichen Geschlechtsorganen zu assoziieren sind. Auch diese Beobachtung gründet in einer Theorie Freuds, die mit der Kastrationsangst in Verbindung steht. Freud sieht eine – wenn auch nur untergeordnete – Ursache in der Kastrationsangst in dem (mythologisch) begründeten Glauben an eine

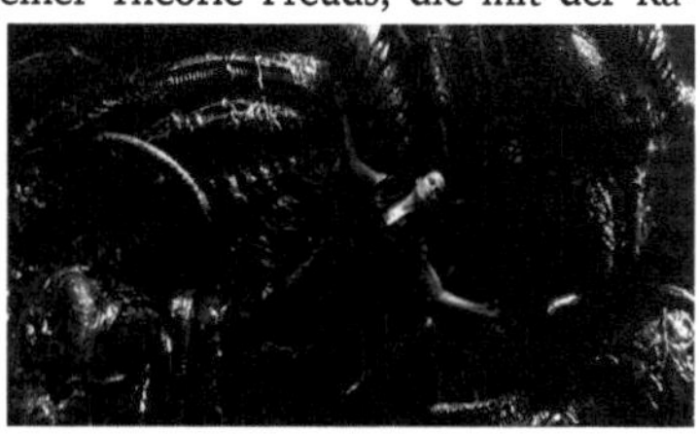
Im Mutterschoß des Alien

»vagina dentata«. Als Beispiel kann eine Szene aus dem Film ALIEN – DIE WIEDERGEBURT (1997) angeführt werden, in welcher sich die Protagonistin in die Bruthöhle der Alienkönigin – also des Monsters des Films – begibt. Diese Szene kombiniert eine sexualisierte Atmosphäre mit dem Aufblitzen der scharfen, spitzzulaufenden Reißzähne des Monsters.

Die archaische Mutter, die sich oft, aber nicht nur, in der Figur des Monsters manifestiert, besitzt damit eine bedrohliche – tödliche – Ausstrahlung; und damit wird ebenfalls wieder das Konstrukt der Grenze bedroht:

> »Given that death is represented in the horror film as a threat to the self's boundaries, symbolized by the threat of the monster [...]«

Und an anderer Stelle:

> »[...] the archaic mother is closely associated with death in its negative aspects – death seen as a desire for continuity and the loss of boundaries – her presence is marked negatively within the project of horror film«[156].

Woman as possessed Monster: Die Figur der »Besessenen«, die Creed in erster Linie aus dem Film THE EXORCIST (1973) herleitet, ist eine weitere »figure of abjection«. Denn auch die »Besessene« zeigt uns allegorisch die Durchlässigkeit und Verletzbarkeit der menschlichen Subjektivität auf.

> »The possessed or invaded being is a figure of abjection in that the boundary between self and other has been transgressed. When the subject is invaded by a personality of another sex the transgression is even more abject because gender boundaries are violated«[157].

156 Ebd., S. 29f.
157 Ebd., S. 32.

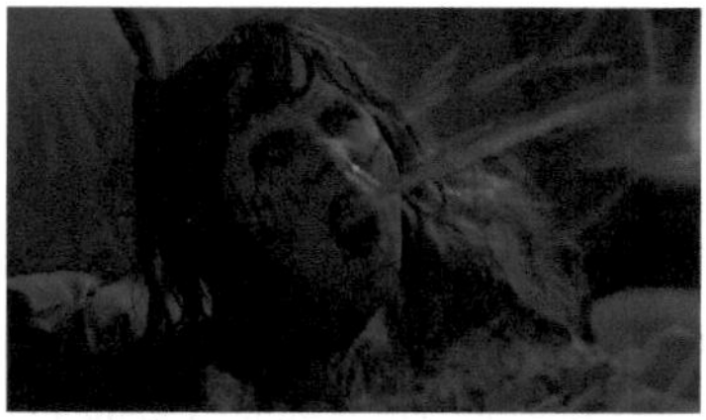
Die Besessene erbricht sich in The Exorcist

In The Exorcist wird die 12-jährige Regan vom Satan persönlich heimgesucht, der in unserer westlichen Weltanschauung meist männlich dargestellt wird. Mit dem Zustand des »being possessed« geht einher, dass der Körper der Frau zu einem »abject body« verkommt. Mit Bezug auf Kristevas Abjekttheorie stellt Creed fest, dass in den sogenannten »Possessed Movies« großer Wert auf die exzessive Darstellung von Körperflüssigkeiten gelegt wird[158]. In The Exorcist erlangte z. B. die Szene große Berühmtheit, in welcher Regan als Trotzreaktion auf unnatürliche Weise grünen Schleim von sich stößt[159].

Auch in diesem Zusammenhang wird der Zuschauer bzw. das »Subjekt« an eine Entwicklungsphase seines Lebens erinnert, die von Abhängigkeiten geprägt war:

> »A crucial area of the subject's personal history which must be rejected relates to infantile bodily experiences and toilet training. [...] All signs of bodily excretions – bile, urine, shit, mucusm spittle, blood – must be treated as abject, cleaned up and removed from sight«[160].

Die mütterliche Autorität, aus der sich das Kind befreien muss, um sich – laut Freud – der »äußeren« öffentlichen Welt hinwenden zu können, wird in diesem Motiv wieder aufgegriffen. Da das Abjekte weiblich konnotiert ist, stellt es gleichzeitig einen Angriff auf die »paternal symbolic« dar, in der laut Creed und anderen Theoretikern eine Ursache für die untergeordnete Rolle der Frau besteht: »[...] the ab-

158 Ebd., S. 31ff.
159 http://www.youtube.com/watch?v=8QjrBjdb2T8 (letzter Zugriff: 12.02.2013).
160 Creed, Barbara: The Monstrous Feminine, S. 38.

ject is placed on the side of the femine: it exists in opposition to the paternal symbolic, which is governed by rules and laws«[161].

Woman as monstrous Womb: Wenn die Frau bzw. das Feminine im Horrorfilm als »monstrous womb« inszeniert wird, repräsentiert das laut Creed Ängste bezüglich Schwangerschaft und Geburt. Unter Bezug auf Kristeva sowie auf literatur- und kunstwissenschaftliche Diskurse macht sie dafür drei Ursachen aus. So soll die Fähigkeit zu gebären die stärkste Ausdrucksweise einer »maternal power« sein, die bedrohlich am Rande der »paternal symbolic« lauert[162] – eine Behauptung, die zunächst diffus klingt, aber im Feminismus viele Anhänger besitzt. Unabhängig von Creed behaupten z. B. Judy Wajcman und Brian Easlea, dass in dieser Art »Gebärmutterneid« eine Motivation für die Entwicklung der Atombombe bestand. Sie gehen davon aus, »daß die männlichen Wissenschaftler für das Fehlen der weiblichen Fortpflanzungsfähigkeit Ersatz suchen, um ihren Mangel an der ›magischen Macht‹, Kinder zu gebären, zu kompensieren«[163].

Eine weitere Ursache dafür, dass »Schwangerschaft« als bedrohlich oder abjekt wahrgenommen wird, sieht Creed in dem Aufbruch einer weiteren Dichotomie:

> »Her ability to give birth links her directly to the animal world and to the great cycle of birth, decay and death. Awareness of his links to nature reminds man of his mortality and of the fragility of the symbolic order«[164].

Erneut besteht das Abjekte also darin, dass eine der »Great Devides« angegriffen wird und Grenzen durchbrochen werden. Im Horror-

161 Ebd., S. 37.
162 Vgl. ebd., S. 43.
163 Wajcman, Judy: Technik und Geschlecht. Die feministische Technikdebatte, Frankfurt 1994, S. 169.
164 Creed, Barbara: The Monstrous Feminine, S. 47.

film findet sich dieses Motiv oft in den Produktionen des Regisseurs David Cronenberg. In THE FLY 2 (1989) gebiert z. B. die Geliebte eines Wissenschaftlers, dessen DNA sich in einem misslungenen Experiment mit der einer Fliege vermischt hat, ein groteskes Mensch-Tier-Mischwesen[165].

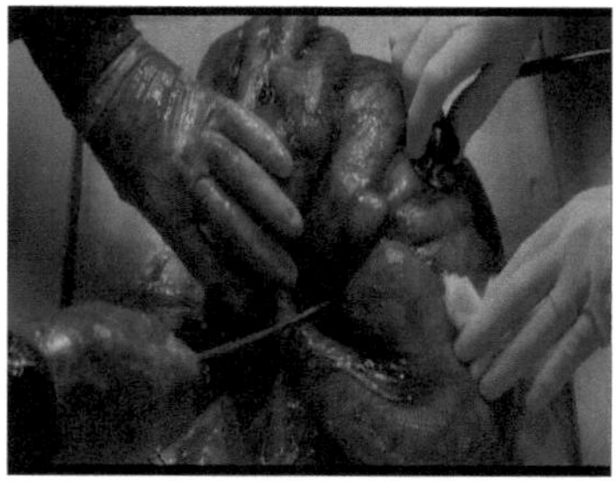

Geburt eines grotesken Mischwesens in THE FLY 2

Auch der Vorgang der Geburt selbst ist abjekt, denn währenddessen wird die Dichotomie inside/outside aufgehoben, was zudem mit allerhand Körperflüssigkeiten verbunden ist:

> »The womb represents the utmost in abjection for it contains a new life form which will pass from inside to outside bringing with traces of its contamination – blood, afterbirth, faeces. [...]. The horror film exploits the abject nature of the womb by depicting the human«[166].

Woman as Vampire: Die Figur des weiblichen Vampirs ist alleine schon aufgrund ihrer Beschaffenheit als Grenzwesen abjekt. Sie ignoriert die Grenzen zwischen Tod/Leben sowie Mensch/Tier[167] Da zudem das Motiv der Homosexualität häufig im Sub-Genre des Vampirfilms bemüht wird, werden auch Gender-Grenzen attackiert – das gilt sowohl für weiblich als auch männlich konnotierte Vampire. Hinzu kommt, dass dem Vampirfilm eine nicht von der Hand zu weisende Blutobsession anhaftet. Ein Ansatzpunkt, der Creed Assoziationen zur

165 http://www.youtube.com/watch?v=yZUpj9_Mwp4 (letzter Zugriff: 12.02.2013)
166 Creed, Barbara: The Monstrous Feminine, S. 49.
167 Vgl. ebd., S. 61.

weiblichen Menstruationen ziehen lässt, womit ein weiteres Merkmal, anhand dessen »Weiblichkeit« konstituiert wird, im Horrorfilm in die Nähe des Monströsen gerückt wird[168].

Woman as witch: Die Hexe gewinnt ihren abjekten Charakter durch den Widerstand gegen die symbolische Ordnung[169]. Ähnlich wie der Vampir ist die Hexe als ein Grenzwesen zu deuten, das sich in diesem Fall entlang der Dichotomie Natur/Kultur bewegt. Laut Creed wurde die Figur der Hexe über Jahrhunderte hinweg in patriarchalischen Diskursen als ein Wesen charakterisiert, das mit Hilfe von Kräften, die sie aus der Natur zieht, männlich dominierte »communities« attackiert[170].

Für die Analyse der zweiten Art »monströser Weiblichkeit« bezieht sich Creed auf Freuds Kastrationsangsttheorie, die davon ausgeht, dass die Frau männliche Ängste hervorruft, weil sie als *kastriert* imaginiert werde. Creed modifiziert diese Theorie dahingehend, dass die Frau für den Mann zusätzlich bedrohlich wirkt, weil sie als *kastrierend* empfunden wird. Im Horrorgenre wird dieses Motiv laut Creed durch zwei Arten des Filmmonsters aufgegriffen:

Woman as »Femme Castrice«: In Anlehnung an die Femme Fatale, die mit magisch-dämonischen Zügen ausgestattet ist und mit Hilfe ihrer Erotik die Moral von Männern untergräbt[171], stellt die Femme Castrice

168 Vgl. ebd., S. 62ff.
169 Ebd., S. 73ff.
170 Ebd., S. 76.
171 Aus der Mythologie kennen wir die Figur der Femme Fatale z. B. in Form der »Sirene«, die Männer mit ihrem betörenden Gesang verleitet.

eine Variation davon dar. Creed bezeichnet z. B. die Heldin bzw. das Final Girl eines Slasher-Movies als Femme Castrice[172].

The Castrating Mother: Mit Bezug auf Hitchcocks Psycho modifiziert Creed Freuds Thesen dahingehend, dass (im Horrorfilm) nicht nur der Vater für dieDrohung der Kastration stehen kann, sondern auch die Mutter[173]. Filme wie The Texas Chainsaw Massacre greifen dieses Motiv explizit auf.

Ein häufig erhobener Kritikpunkt an Barbara Creeds Analyse des »Monstrous- Feminine« lautet, dass sie sich in ihrer Arbeit zu sehr an Julia Kristevas Abjekttheorie orientiere, wodurch der Eindruck entsteht, dass das Feminine »von Natur aus« als abjekt wahrzunehmen sei. Ein Kritikpunkt, dessen Ansatz ich nach der Lektüre ihres Buches zwar nachvollziehen kann, dem ich aber trotzdem widersprechen muss, denn sie distanziert sich an einigen Stellen ausdrücklich von einer solchen Lesart. So positioniert sie das Feminine bzw. die Frau zwar in der Nähe des Abjekten; man muss sich allerdings in Erinnerung rufen, dass das Konzept der Abjektion (wie oben beschrieben) nicht ausschließlich negativ konnotiert ist, sondern – um es noch einmal zu wiederholen –, dass die Abjektion dem Individuum zugleich hilft, sich in seiner Genese von dem Körper der Mutter zu lösen und sich selbst als Subjekt zu konstituieren. Den negativen Charakter und die Nähe zum »Monströsen« erhält die Frau erst im patriarchalisch dominierten Diskurs. Oder, wie Creed betont:

> »I wish to re-emphasize that I regard the association of woman's maternal and reproductive functions with the

172 Vgl. Creed, Barbara: The Monstrous Feminine, S. 122-138.
173 Vgl. ebd., S. 139-150.

> abject as a construct of patriarchal ideology. [...] Woman is not, by her very nature, an abject being. Her representation in popular discourses as monstrous is a function of the ideological project of the horror film – a project designed to perpetuate the belief that woman's monstrous nature is inextricably bound up with her difference as man's sexual other«[174].

Die Summe dieser Aussagen erlaubt die Schlussfolgerung, dass das Genre des Horrorfilms nicht ausschließlich dazu dienen soll, der Frau eine untergeordnete Rolle zuzuweisen. Vielmehr ist die Repräsentation des Femininen im Horrorfilm ein Ausdruck der männlichen Angst vor der sexuellen Differenz der Frau. Die Nähe des Femininen ist in Hinblick auf die negativen Aspekte der Abjektion daher nicht von Natur gegeben, sondern aus dem kulturellen Diskurs heraus entstanden.

Es bleiben also folgende – für die Leitfrage der Arbeit relevanten – Hauptthesen Creeds festzuhalten:

1. Aus den Ergebnissen von Creeds Analyse lässt sich ableiten, dass Horrorfilme dazu dienen, die aus dem männlich dominierten Geschlechtersystem stammende Rollenverteilung aufzubrechen. Die von Creed beschriebene Verschränkung von Frau und Monster führt die klassische Zuweisung – die Frau ist ein in der Passivität gefangenes Opfer und der Mann das aggressive, aktive Monster – ad absurdum.

174 Ebd., S. 83.

2. Der Horrorfilm reflektiert männliche Ängste. Ein uneingeschränkter »Male Gaze«, wie er z. B. von Laura Mulvey beschrieben wird, ist nicht möglich, da das feminin konnotierte Monster auch die männlichen Darsteller bedroht und beim männlichen Publikum ebenfalls somatische Reaktionen hervorruft.

Einzelanalyse

Der Schwerpunkt der Analyse soll auf der filmischen Repräsentation der Frau als Monster und damit einhergehend des »Monstrous-Feminine« liegen. Zur Beantwortung der Leitfrage, auf welche Art und Weise Aspekte des Femininen im Horrorfilm repräsentiert werden, erschien es mir wenig sinnvoll, den von mir behandelten Film komplett zu analysieren. Ich habe mich stattdessen in der Analyse auf die für die Repräsentation der Frau als Monster relevanten Szenen und Aspekte konzentriert. Zudem soll dieses Kapitel einen Kritikpunkt entkräften, der an Creeds Analyse sowie allgemein an dieser Form der Filmforschung häufig erhoben wird: Es wird vorgeworfen, dass die ausgewählten Filmbeispiele häufig zu speziell seien und die daraus abgeleiteten Forschungsergebnisse daher keine Allgemeingültigkeit besäßen. Diesen Vorwurf möchte ich durch die Analyse eines weiteren Filmbeispiels, das bei Creed keine Erwähnung gefunden hat, wenigstens exemplarisch entkräften.

Inhalt – BRAINDEAD (1992)

BRAINDEAD (1992) ist ein Horrorfilm des neuseeländischen Regisseurs Peter Jackson. Trotz anfänglichen Ausbleibens eines kommerziellen Erfolges avancierte er unter Fans weltweit zu einem Kultstreifen und erhielt auf Filmfestivals zahlreiche Auszeichnungen. Mittlerweile gilt er als einer der bekanntesten Vertreter des »Splatterfilms«, einer besonders gewaltbetonten Spielart des Horrorfilms. Aufgrund seiner exzessiven Gewaltdarstellung (für einzelne Szenen sind teilweise 300 Liter Filmblut verwendet worden) unterliegt er deutschlandweit einem Verbreitungsverbot. Laut einiger Kritiker geht der Film soweit über Tabugrenzen hinaus, dass die dargestellte Gewalt absurd und comichaft wirkt, weshalb der Film mittlerweile als Parodie auf das Genre gehandelt wird[175]. Ein Stilmittel des Monströs-Grotesken, das von Peter Jackson bewusst so gewählt wurde, aber von Jugendschützern lange Zeit (und im Falle von Deutschland bis heute) ignoriert wurde. Trotz des offensichtlichen und bewusst gewählten humorvollen Untertons ist diese Meinung über parodisierende Elemente umstritten, denn eine exzessive Gewaltdarstellung, welche über »reale Tabugrenzen« hinausgeht, ist per se das elementarste Stilelement des Splatterfilms. Zudem bleibt unbestritten das somatische Affektpotential des Films erhalten.

Aufgrund seiner hohen Popularität, der Akzeptanz der Genre-Fans und des langfristigen kommerziellen Erfolges lässt sich Braindead nach der im Kapitel über Filmgenres vorgestellten Definition als besonders wichtiger »Prototypenfilm« einstufen. Wobei Braindead nach der ursprünglichen Definition von »Prototypenfilm« eine Sonderstellung einnimmt und aus der zeitlichen Genese des Horrorfilmgenres daher sozusagen herausgelöst werden muss. Zwar erfüllt er das notwendige Merkmal, dass er sich strukturell grundlegend von anderen typischen (Genre-)Mustern unterscheidet, bewegt sich allerdings bereits a priori im Genre des Horrorfilms und hat nicht konkret zu dessen ursprünglichen Entstehung beigetragen. Vielmehr ist Braindead dahingehend stilbildend, dass er die von Jackson mit Bad Taste (1987) begonnene Implementierung parodistischer Elemente in einem solchen Maße perfek-

175 Vgl. Beier, Brigitte [Hrsg.]: Die Chronik des Films, München 1994, S. 125ff.

tioniert hat, dass er Anstoß für zahlreiche Nachahmerproduktionen war und damit quasi ein Sub-Genre innerhalb des Horrorfilms begründet hat. Als Beispiele seien hier Filme jüngeren Datums herausgegriffen wie BLACK SHEEP (2006), SHAUN OF THE DEAD (2004) oder DEAD SNOW (2009).

Die Story des Films orientiert sich an den Genrestandards: Auf einer Sumatra vorgelagerten Insel entdeckt ein Zoologe in den 50er Jahren eine neue Spezies, eine seltsame Kreuzung aus Ratte und Affe. Aus Profitgier wird ein Exemplar dieser unbekannten Rasse an einen Zoo in Neuseeland verkauft und dort unter mangelhaften Sicherheitsbedingungen gehalten. In der gleichen Stadt lebt Lionel Cosgrove, der sich in Paquita verliebt hat, die Tochter des örtlichen Lebensmittelhändlers. Während eines Zooausfluges wird das Pärchen von Lionels eifersüchtiger Mutter, die eigentlich nichts von diesem Verhältnis hätte erfahren dürfen, verfolgt und beobachtet. In einem unvorsichtigen Moment wird seine Mutter von dem Rattenwesen gebissen. Sie nutzt den zunächst harmlos wirkenden Biss, um Lionel von seiner neuen Bekanntschaft zu trennen und erneut in ihre Abhängigkeit zu führen. Da Lionel sich weder körperlich noch verbal gegen seine Mutter wehren kann, gibt er dem Wunsch der Mutter schnell nach und begleitet sie nach Hause.

Der üblichen Dramaturgie eines Zombiestreifens folgend, verwandelt sich die Mutter schleichend in einen Menschenfresser und infiziert weitere Stadtbewohner. Aufgrund der starken Mutterfixierung versucht Lionel weiterhin ein normales Zusammenleben mit ihr zu simulieren. Da Lionel mit der Situation vollkommen überfordert ist, verfrachtet er die wachsende Zombiehorde zunächst in den Keller des Elternhauses, das mittlerweile im Besitz seines raffgierigen Onkels ist.

Als dieser dort eine Party feiert, brechen die Zombies aus dem Keller aus und fallen über die Partygäste her. Lionels Mutter ist mittlerweile zu einem monströsen Ungeheuer mutiert. Letztendlich findet Lionel den Mut, gegen seine Mutter aufzubegehren, und bezwingt das Monster auf dem Dach des Hauses, wodurch er Paquita das Leben rettet.

»The Monstrous-Feminine« in Peter Jacksons BRAINDEAD

Der gesamte Film kann in dem Kontext des Versuchs der Emanzipation Lionels von seiner Mutter gelesen werden. Mit diesem den Film anleitenden Motiv weist er starke Parallelen zu Hitchcocks PSYCHO (1960) auf. Ähnlich wie in dem genannten Klassiker repräsentiert die Mutter in BRAINDEAD die »archaic maternal figure«, welche zudem das »Monstrous-feminine« verbildlicht. Die Mutter hat aufgrund der Abwesenheit eines Vaters vollen Zugriff auf ihren erwachsenen Sohn und verwehrt es ihm, seinen Platz in der symbolischen Ordnung einzunehmen. Lionel agiert äußerst fremdbestimmt und beginnt seine Sätze häufig mit »Mom says…«. In den Anfangsszenen wird er als introvertiert, schüchtern und unterwürfig charakterisiert, seine Handlungen wirken tollpatschig bis fast kindlich. Die Mutter dagegen tritt fast durchgehend autoritär auf und lässt keinen Zweifel daran aufkommen, dass sie in der dyadischen Beziehung zu ihrem Sohn die dominante Person ist. Als Paquita in Lionels Leben tritt, offenbaren sich in ihm seine widersprüchlichen Wünsche. Einerseits möchte er eine Beziehung mit ihr eingehen, andererseits missfällt ihm der Gedanke, den Unmut seiner Mutter zu erregen. Auf Drängen seiner Mutter, die ge-

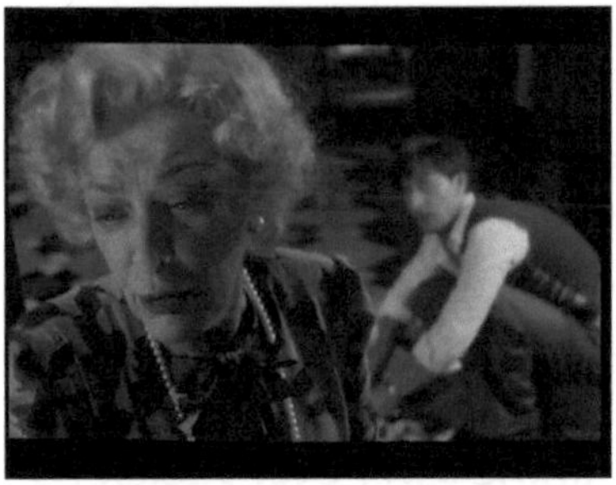

Mamas Macht in BRAINDEAD

gen das Anbandeln der beiden agitiert, erteilt er Paquita eine Abfuhr. Die Szene reproduziert das filmische Klischeebild eines jungen Teenagerpaares. Obwohl es sich um zwei erwachsene Menschen handelt, ist Paquita gezwungen, heimlich auf einen Balkon zu klettern, um mit ihrem Geliebten sprechen zu können.

Diese Szene zeigt exemplarisch sehr gut das pervertierte Verhältnis zwischen Lionel und seiner Mutter auf. Auf beiden Seiten existieren Ängste, voneinander separiert zu werden. Als z. B. der vermeintliche Tod der Mutter eintritt, begibt sich Lionel direkt in die nächste Abhängigkeit einer Frau. Während er in einer kindlichen Stellung in den Armen der herbeigerufenen Krankenschwester liegt, sagt sie »You are not alone. There is a lot of people that care about you.«. Erst dies kann ihn beruhigen. Eine solche Körperhaltung findet sich öfter im Film. So kommt es auf der Beerdigung seiner Mutter zu einer Szene, in welcher er sich in Fötusstellung an den vermeintlichen Leichnam seiner Mutter klammert. Obwohl die lebende Leiche der Mutter immer stärker mutiliert, bis hin zur vollkommenen Verflüssigung der Körpergrenzen, kann sich Lionel nicht von ihr emanzipieren.

Dies äußert sich im Film z. B. darin, dass Paquita ein vermeintliches Gift dem bereits schrecklich entstellten Körper der Mutter spritzen muss, da Lionel dazu nicht fähig ist. Auch anhand der Mise-en-scène wird das Machtverhältnis zwischen Lionel und seiner Mutter deutlich: Das Herrenhaus, über das die Mutter herrscht (Lionel ist

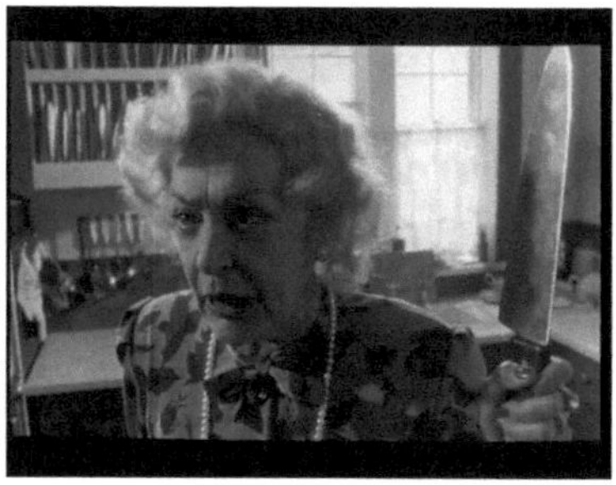
Mamas Messer in Braindead

nur ein kleines, kindlich anmutendes Zimmer zugewiesen), thront erhöht auf einem Hügel. Viele Kameraeinstellungen sind so gewählt, dass die Mutter auf ihren Sohn herabblickt. In solchen Szenen nimmt die Mutter auch den größten Raum des Frames ein, Lionel ist in solchen Momenten für den Zuschauer nur marginalisiert am Rande der Einstellung zu sehen.

Die von Creed beschriebenen Gesichter des »Monstrous-Feminine« lassen sich in verschiedenen Szenen benennen, wobei sich das Abjekte meistens in der Figur der Mutter manifestiert, aber nicht ausschließlich. Das wohl offensichtlichste Motiv ist die Inszenierung der Mutter als »Femme Castrice« oder »Castrating Mother«. In vielen Momenten wird die Mutter – ähnlich wie das Final Girl – phallisch konnotiert. So hält sie in vielen Szenen, in denen sie Autorität über ihren Sohn ausübt, ein Messer oder andere phallisch anmutende Gegenstände in der Hand.

Auch das sie in einer der Eingangsszenen angreifende Rattenmonster wird durch phallische Penetration getötet: Nachdem der verhängnisvolle Biss geschehen ist, ersticht sie das Wesen mit Hilfe der Absätze ihrer hochhackigen Schuhe. Im Verlauf der Handlung bzw. der zunehmenden Entmenschlichung der Mutter wird dieses Motiv bis ins Groteske gesteigert. Im letzten Drittel des Films geht sie – nun als offensichtliches »Monster« – dazu über, Männer wahllos und durch direkte Gewalteinwirkung nun auch wörtlich zu kastrieren.

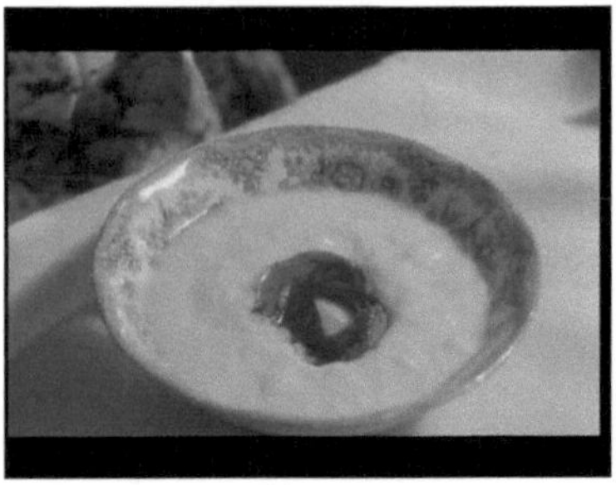

Mamas Mahlzeit in BRAINDEAD

Wie in den Kapiteln über Kristevas Abjekttheorie und Creeds "Monstrous Feminine" beschrieben, löst das Überschreiten von »Grenzen« – insbesondere von Körpergrenzen – Ekel und abjekte Ängste aus. In BRAINDEAD sind diese Phänomene eindeutig weiblich konnotiert. Der Körper der Mutter befindet sich den gesamten Film über in einem konstanten Prozess des Verfalls und wird zunehmend als »abject body« inszeniert. Interessant ist, dass dies bei BRAINDEAD mit einer sexuellen Komponente versehen ist. Als sich die ersten Anzeichen des körperlichen Verfalls bei der Mutter einstellen, wird das im »Shot / Re-Shot« Verfahren mit der Beischlaf-Szene zwischen Lionel und Paquita zu einer einzelnen Sequenz zusammengefügt. Zudem etabliert es sich als wiederkehrender »Running Gag«, dass auch die mutilierenden, abjekten Körper der Zombies bzw. Monster noch eindeutig sexuell agieren. Julia Kristeva beschreibt einige Formen von Nahrung und Nahrungsaufnahme als abjekt, weil es dem Individuum aufzeigt, dass seine Körpergrenzen durchlässig sind. In BRAINDEAD wird diese Angst in sehr abstoßenden Bildern aufgegriffen. Mehrere Szenen des Films beschäftigen sich mit dem Versuch der Nahrungsaufnahme der Monster. Aufgrund der sich im Prozess der Auflösung befindenden Körper tritt die Nahrung sofort an unnatürlichen Stellen wieder aus. Eiter und andere Körperflüssigkeiten vermischen sich mit der aufgenommenen Nahrung und sind für den Zuschauer nicht mehr voneinander zu unterscheiden.

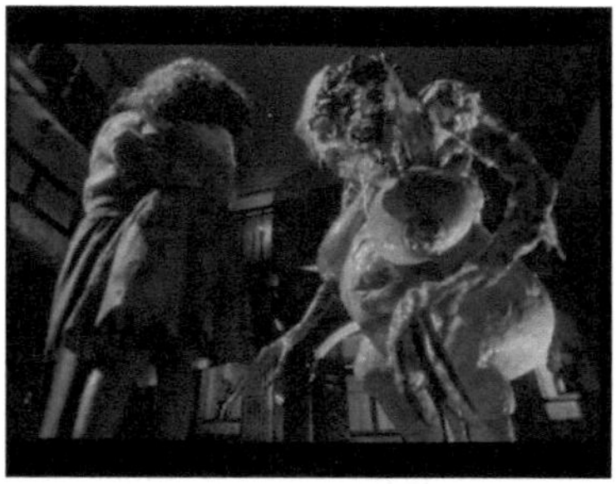

Mama-Monster in BRAINDEAD

Auch auf einer Metaebene kommt es zur Überschreitung von Grenzen. Wie in dieser Spielart des Horrorfilms üblich, verliert die Dichotomie Leben/Tod jegliche Relevanz. Die dargestellten monströsen Körper bewegen sich irgendwo dazwischen. Ähnlich wie in THE EXORCIST (1973) gibt es eine Szene, in welcher »the world of symbolic« und »the world of pre-symbolic« bzw. das »paternal law« aufeinandertreffen. In dieser Szene kommen Vertreter der »Women's welfare league«, welche »the world of symbolic« repräsentieren, zu einem gemeinsamen Mittagessen mit der Mutter zusammen. Das Auftreten der Besucher wirkt sehr konservativ und passend zur eigentlichen Szenerie. Allerdings befindet sich der Körper der Mutter zu diesem Zeitpunkt bereits im fortgeschrittenen Stadium des Verfalls. Während der Mahlzeit sondert ihr Körper Blut und Eiter ab. Zum Schluss der Szene kommt es sogar aufgrund eines abgefallenen Ohres zu dem kulturellen Tabubruch des Auto-Kannibalismus.

An dieser Stelle kann man erneut zur Diskussion stellen, inwieweit dieser Moment eine parodistische Lesart besitzt. Jackson wählt in der beschriebenen Szene eine Kameraeinstellung, die an den pseudodokumentarischen Stil der Kannibalen- und Exploitationfilme sowie »Mondo«-Streifen der 70er erinnert. Bedenkt man das Ausgangssetting des Films (von einer Südseeinsel geht es nach Neuseeland), ist es sehr wahrscheinlich, dass Jackson hier auf parodistische Art und Weise die Tradition der Mondo-Filme und der später daraus erwachsenen ultrabrutalen Horrorfilme etwa eines Ruggero Deodato (Cannibal Holocaust aka. Nackt und zerfleischt (1980)) aufgreift. Diese zeichneten sich weitgehend durch eine oftmals brutale und die Grenzen zur Perversion überschreitenden Inszenierung von Kannibalismus aus, nicht selten mit ausgeprägten sexuellen Komponenten, wie wir sie ebenso in Braindead finden.

In der finalen Schlusssequenz ist der Körper der Mutter unübersehbar ein »Body of abject«. Durch ihre Verwandlung in eine Monstrosität überragt sie ihren Sohn nun um ein vielfaches. Absurd vergrößerte Geschlechtsmerkmale lassen keinen Zweifel daran, dass diese Figur weiterhin als feminin wahrgenommen werden soll.

In diesem Zustand versucht die Mutter Lionel wieder zurück in ihren Uterus zu befördern, was an Creeds Beschreibung der Frau als »Monstrous Womb« erinnert. Mit dem Ausruf »No one will ever love you like your mother!« wird Lionel zurück in den Körper seiner Mutter gezwungen, aus dem er sich anschließend in einer äußerst brutalen »scene of birth« wieder befreien kann.

Er bricht explosionsartig aus dem Körper der Mutter hervor und tötet das Monster zugleich damit. Mit dem performativen Ausruf »You don't scare me mom!« findet der Film sein Ende, die ödipale Umklammerung hat ein Ende.

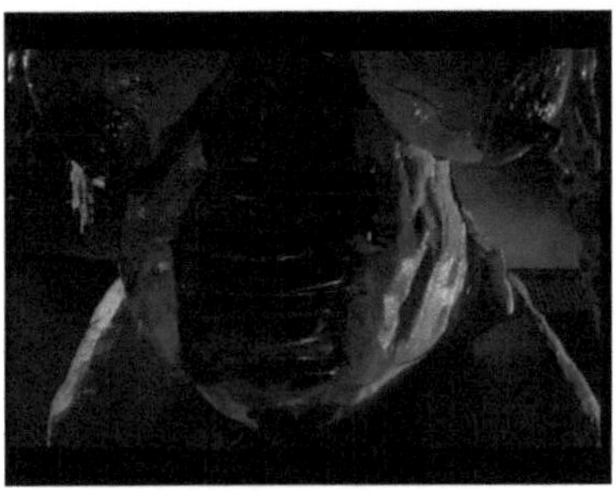

Wiedergeburt in Braindead

Es lässt sich also festhalten, dass die von Creed beschriebenen Gesichter des »Monstrous-Feminine« auch in (Horror-)Filmen zu entdecken sind, die über den von ihr analysierten Filmkanon hinausgehen. BRAINDEAD demonstriert sehr deutlich, dass selbst – von Kritikern oft als »sinnentleert« bezeichnete – Horrorfilme eine Art Spiegel der Gesellschaft darstellen können, an denen sich die unterschiedlichsten kulturellen Phänomene und Probleme ablesen lassen.

Fazit

In den Kapiteln über Genre und Horror habe ich einige elementare Begriffe definiert, die für das Verständnis der vorgestellten Thesen von großer Wichtigkeit sind. Dazu zählen unter anderem die verschiedenen Klassifikationsmodelle von Genre (Autorenfilm, Prototypfilm, etc.), die Definitionen von »Horror« bzw. Horrorfilm oder eine Umschreibung des »Monsters«. Dabei hat es sich herausgestellt, dass sich nach aktuellem Stand des Diskurses keine abschließenden Definitionen formulieren lassen, sondern dass die Grenzen der Begriffsbestimmungen fließen sind. Trotzdem konnten einige konstant wiederkehrende Merkmale ausgemacht werden, mit Hilfe derer sich ein Filmkanon unter der Bezeichnung »Horrorfilm« klassifizieren lässt. Im folgenden Unterkapitel habe ich mit Hilfe von Linda Williams richtungsweisendem Essay *Film Bodies: Gender, Genre, and Excess* eine Idee davon vermittelt, weshalb gerade der »Horrorfilm« ein in der Filmforschung und in den Gender Studies häufig aufgegriffener Forschungsgegenstand ist. Die in den Kapiteln über zentrale Positionen des Feminismus zum Horrorfilm herausgearbeiteten Thesen sollen einen Überblick über den aktuellen Forschungsstand geben und der Beantwortung meiner in der Einleitung formulierten Leitfragen nach der Repräsentation des Femininen im Horrorfilm dienen. Um abschließend erneut hervorzuheben, dass der Diskurs um diese Frage, sehr vital und ausdifferenziert ist, habe ich eine grafische Darstellungsform gewählt:

Darst. Forschungsüberblick:

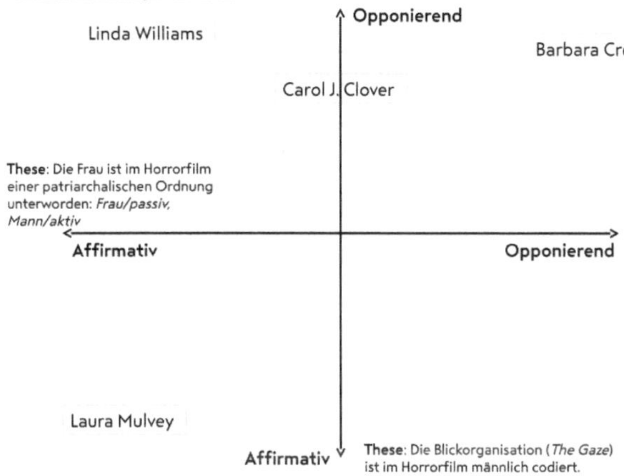

Quelle: Eigene Darstellung

Die X-Achse ist mit der bei allen besprochenen Theoretikerinnen untersuchten Frage bzw. These versehen, inwiefern der Blick im Horrorfilm codiert ist. Die Y- Achse ist mit der Frage bzw. These versehen, ob die Frau im Horrorfilm einer patriarchalischen Ordnung unterworfen ist. Entsprechend der im Diskurs eingenommenen Position wurden die Namen der Theoretikerinnen platziert. Daraus ergibt sich eine offensichtliche Meinungs-Streuung, wobei jeweils Laura Mulvey und Barbara Creed die Extrempunkte einnehmen. An dieser Stelle ist es wichtig erneut zu betonen, dass sämtliche vorgestellten Thesen und Theoretikerinnen Befürworter besitzen und daher alle vertretenen Positionen nach wie vor von wissenschaftlicher Relevanz sind – trotz ihrer zeitlich deutlich variierenden Veröffentlichungen.

Für die in der Einleitung formulierten Leitfragen ergibt sich daraus Folgendes:

1. (Horror-)Filme können als eine Art gesellschaftlicher Spiegel gelesen werden, in denen sich kulturelle Phänomene und gesellschaftliche Strukturen widerspiegeln.
2. Einige TheoretikerInnen gehen davon aus, dass eine Verschränkung zwischen Monster und der Frau bzw. dem Femininen existiert.
3. Der forschende Blick darf sich nicht ausschließlich auf die weibliche Darstellerin beschränken. Auch augenscheinlich männlich inszenierte Monster oder die Gesamtästhetik eines Films können feminisierte Aspekte besitzen. Daher bietet es sich an, von dem »Femininen im (Horror)Film« zu sprechen, anstatt von der »Frau im (Horror)Film«.
4. Es existieren fundiert dargelegte Theorien, die Grund zur Annahme geben, dass der Horrorfilm als Phänomen der Popkultur *nicht* dazu beiträgt, patriarchalische und anti-feministische Strukturen zu verfestigen. Es besteht sogar der Grund zur Annahme, dass Horrorfilme eine progressive Ebene besitzen und dabei helfen, eingefahrene Rollenbilder und das in die Kritik geratene binäre Geschlechtersystem aufzubrechen. Oder mit anderen Worten: Es gibt eine wissenschaftliche Strömung, die davon überzeugt ist, dass Horrorfilme dabei helfen können, die Stellung der Frau in der (westlichen) Gesellschaft intensiver zu reflektieren und damit – vielleicht – langfristig auch zu verbessern.

Aus diesem breiten Meinungsspektrum ergibt sich natürlich ein entsprechend umfangreicher und komplexer Forschungsausblick. Für die vorliegende Arbeit bleiben folgende Fragen weiterhin von Interesse:

1. Inwiefern variieren die inszenierten Rollenbilder zwischen den verschiedenen Sub-Genres des Horrorfilms? Ist die Gender-Repräsentation im »Melt-Movie« vergleichbar mit der eines »Rape & Revenge« Films?
2. Befinden sich die Genres möglicherweise in einem stetigen Wandel und damit auch die Repräsentationsmodelle von Geschlechtlichkeit? Kann man Analyseergebnisse von Filmen aus z. B. den 1970ern überhaupt noch auf heutige Horrorfilme anwenden?
3. Wie verhält es sich mit dem männlichen Geschlecht? Auch wenn man bedenkt, dass ein nicht unwesentlicher Teil der TheoretikerInnen versucht, das binäre Geschlechtermodell aufzubrechen, so fällt es doch auf, dass der Mann oder das »Maskuline« in der Literatur arg unterrepräsentiert ist.
4. Besteht die Gefahr, dass das Horrorgenre aufgrund seiner wachsenden Beliebtheit[176] an Subtext verliert? Könnte mit der Popularitätssteigerung auch eine Abflachung einhergehen, die den Horrorfilm für die Filmforschung mit der Zeit uninteressant werden lässt?

Betrachtet man die ungebrochene Vitalität des Diskurses in Hinblick auf den Horrorfilm, wächst in mir die Zuversicht, dass diese und andere offenen Fragen in den kommenden Jahren beantwortet werden – falls das nicht jetzt schon möglich ist. Der Horrorfilm inszeniert ungeheuerliche, grausame und ekelerregende Dinge. Aber wenn der Zu-

176 Vgl. GfK-Zahlen in: Key Facts Videokaufmarkt Bericht (Dezember 2011).

schauer es schafft, durchzuhalten, eröffnet sich ihm eine Welt, in der es sonderbare, wundervolle und den Geist anregende Dinge zu bestaunen gibt. Es muss nur der Wille vorhanden sein, bis in diese Welt vorzudringen.

Zitierte Literatur

Adorno, Theodor W.: Résumé über Kulturindustrie. In: Pias, Claus [Hrsg.]: Kursbuch Medienkultur: Die maßgeblichen Theorien von Brecht bis Baudrillard. München 2008.

Albersmeier, Franz-Josef [Hrsg.]: Texte zur Theorie des Films. Stuttgart 1979.

Baumann, Hans: Horror. Die Lust am Grauen. Beltz 1992.

Beier, Brigitte [Hrsg.]: Die Chronik des Films. München 1994.

Chandler, Daniel: Einführung in die Genre-Theorie. Übers. v. Alexander Müller. Online verfügbar unter: http://antville.org/static/molochronik/files/chandler_genre.pdf (letzter Zugriff: 14.01.2013)

Clover, Carol J.: Men, Women, and Chainsaws: Gender in the Modern Horror Film. Princeton 1992.

Creed, Barbara: The Monstrous-Feminine. Film, Feminism, Psychoanalysm. London 2007.

Freud, Sigmund: Anwendungen der Psychoanalyse. Band 2. Frankfurt am Main 1978.

Freud, Sigmund: Drei Abhandlungen zur Sexualtheorie. Frankfurt am Main 1972.

Friedewald, Dennis: Die Macht des Kinos. Filmgenres und Beobachtungen zu deren Rezeptionsgeschichte. Marburg 2007.

Friedrich, Kathrin: Film. Killing. Gender: Weiblichkeit und Gewalt im zeitgenössischen Hollywoodfilm. Marburg 2008.

GfK-Zahlen in: Key Facts Videokaufmarkt Bericht (Dezember 2011).

Gledhill, Christine: History of Genre Criticism. In: Cook, Pam [Hrsg.]: The Cinema Book. Third Edition. London 2007.

Grant, Barry Keith[Hrsg.]: The Dread of Difference. Gender and the Horror Film. University of Texas Press, Austin 1996.

Grant, Barry Keith: Film Genre Reader III. University of Texas Press, Austin 2004.

Hall, Stuart: Ideologie, Identität, Repräsentation. Ausgewählte Schriften 4. Hamburg 2004.

Haraway, Donna: When Species Meet. Minneapolis 2008.

Kammerer, Ingo: Film - Genre – Werkstatt. Textsortensystematisch fundierte Filmdidaktik im Fach Deutsch. Baltmannsweiler 2009.

Kristeva, Julia: Powers of Horror. An Essay on Abjection. Columbia University Press 1982. (online: http://www.csus.edu/indiv/o/obriene/art206/readings/kristeva%20-%20-powers%20of%20horror%5B1%5D.pdf; übers. v. Leon S. Roudiez; letzter Zugriff 16. Januar 2014).

Lacan, Jacques: Das Spiegelstadium als Bildner der Ichfunktion, wie sie uns in der psychoanalytischen Erfahrung erscheint, in: Schriften I. Weinheim/Berlin 1986.

Liebrand, Claudia: Vampire in der neuen Welt. In: Begemann, Christian [Hrsg.]: Dracula unbound: kulturwissenschaftliche Lektüren des Vampirs. Berlin 2007.

McKee, Robert: Story. Substance, structure, style, and the principles of screenwriting, London 1999.

Mulvey, Laura: Afterthoughts on »Visual Pleasure and Narrative Cinema« inspired by King Vidor's Duel in the Sun (1946). In: Dies.: Visual and other Pleasures. Bloomington and Indianapolis, Indiana 1992, S. 29ff.

Mulvey, Laura: Visuelle Lust und narratives Kino, In: Albersmeier, Franz-Josef [Hrsg.]: Texte zur Theorie des Films. Stuttgart 1979. Übers. v. Karola Gramann.

Nünning, Ansgar [Hrsg.]: Metzler Lexikon. Literatur- und Kulturtheorie. Stuttgart 2008.

Pinkas, Claudia: Der phantastische Film: Instabile Narrationen und die Narration der Instabilität. Berlin 2010.

Reifenberger, Julia: Girls with Guns. Rape & Revenge Movies: Radikalfeministische Ermächtigungsfantasien? Berlin 2013. (Sexual Politics 5)

Shelton, Catherine: Unheimliche Inskriptionen. Eine Studie zu Körperbildern im postklassischen Horrorfilm. Bielefeld 2008.

Wajcman, Judy: Technik und Geschlecht. Die feministische Technikdebatte. Frankfurt am Main 1994.

Wedel, Michael: Körper, Tod und Technik – Der postklassische Hollywood-Kriegsfilm als reflexives Body Genre. In: Hoffmann, Dagmar (Hrsg.): Körperästhetiken. Filmische Inszenierungen von Körperlichkeit. Bielefeld 2010, S. 77-100.

Williams, Linda: Film Bodies: Gender, Genre, and Excess. In: Film Quarterly: Vol 44 (4/1991).

Williams, Linda: When the Woman Looks. In: Grant, Barry Keith[Hrsg.]: The Dread of Difference. Gender and the Horror Film, University of Texas Press 1996, S. 15.

Wolf, Enrico: Bewegte Körper - bewegte Bilder. der pornografische Film: Genrediskussion, Geschichte, Narrativik. München 2008.

Wrage, Solveig: »Liebesfilme sind halt so unrealistisch«. Der Horrorfilm und seine Zuschauerinnen: eine qualitative Studie über Bedeutung und Faszination des Horrorfilms für sein weibliches Publikum. Stuttgart 2012.

Genutzte Filme

THE PHANTOM OF THE OPERA (DAS PHANTOM DER OPER). USA 1925. Regie: Rupert Julian

ALIEN (ALIEN - DAS UNHEIMLICHE WESEN AUS EINER FREMDEN WELT). USA 1979. Regie: Ridley Scott.

THE TEXAS CHAINSAW MASSACRE 2. USA 1986, Regie: Tobe Hooper.

THE SILENCE OF THE LAMBS (DAS SCHWEIGEN DER LÄMMER). USA 1991, Regie: Jonathan Demme.

BRAINDEAD. Neuseeland 1992, Regie: Peter Jackson.

ALIEN: RESURRECTION (ALIEN - DIE WIEDERGEBURT). USA 1997, Regie: Jean-Pierre Jeunet.

THE PHANTOM OF THE OPERA (Das PHANTOM DER OPER). USA 2004, Regie: Joel Schumacher.

Bildnachweis

20th Century Fox: ALIEN, ALIEN – DIE WIEDERGEBURT, DIE FLIEGE 2, THE TEXAS CHAINSAW MASSACRE 2

Absolut Medien: DAS PHANTOM DER OPER (1925)

Concorde: DAS PHANTOM DER OPER (2004)

Minerva Pictures Group: STREET TRASH

Warner Bros.: DER EXORZIST

Universal: BRAINDEAD

Weitere Veröffentlichungen des Verlags:

Andreas Köhnemann: *Liebe in alle Richtungen. Sexuell ambivalente Dreiecksbeziehungen im Film*.
Ca. 240 Seiten, zahlreiche Abbildungen.
E-Book: 14,99 Euro; Print: 17,90 Euro.

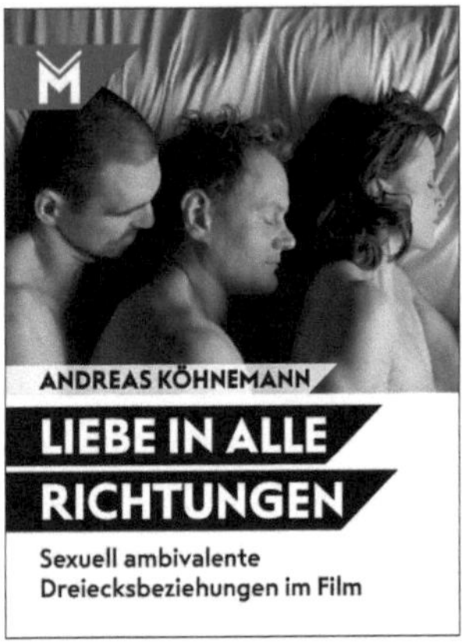

Seit jeher ist *boy meets girl* die Prämisse der Liebesfiktion – und *boy gets girl* beziehungsweise *boy loses girl* deren Schlusspunkt. Doch welche Herausforderungen ergeben sich, wenn ein Film von der Liebe zwischen einem *boy*, einem *girl* und einer zusätzlichen, dritten Person handelt? Wenn die Liebe in diesem Figuren- und Beziehungsdreieck in alle Richtungen verläuft und somit eine sexuelle Ambivalenz ins Spiel kommt? Wenn es nicht (nur) um das Glück zu zweit, sondern zu dritt geht? Andreas Köhnemann nimmt die erzählerischen und inszenatorischen Strategien in den Blick, die bei einer Abweichung von der herkömmlichen „Junge trifft Mädchen"-Liebesfilmformel zum Einsatz kommen können. Eingebettet in literatur- und filmwissenschaftliche sowie gender- und queertheoretische Kontexte werden zehn Filme einer eingehenden Untersuchung unterzogen: Claude Chabrols ZWEI FREUNDINNEN, Bertrand Bliers ABENDANZUG, Andrew Flemings EINSAM, ZWEISAM, DREISAM, Gregg Arakis THE DOOM GENERATION, Anne Fontaines EINE SAUBERE AFFÄRE, Michael Mayers EIN ZUHAUSE AM ENDE DER WELT, Alexis Dos Santos' GLUE, Adam Salkys DARE – HAB' KEINE ANGST, TU'S EINFACH!, Tom Tykwers DREI sowie Xavier Dolans HERZENSBRECHER.

Über den Autor:

Andreas Köhnemann, geboren 1984 in Lindenfels, studierte Filmwissenschaft und Publizistik an der Johannes Gutenberg-Universität Mainz. Er ist als freier Mitarbeiter für das Filmmagazin *Deadline* sowie für die Film-Websites *Movieworlds.com*, *Moviebreak.de*, *Critic.de* und *Screenshot-online.com* tätig.

Julius Pöhnert: ***Provokation in Rosa. Typen, Tunten, Charaktere in Rosa von Praunheims Filmen***.
212 Seiten, zahlreiche Abbildungen.
E-Book: 14,99 Euro; Print: 19,90 Euro.

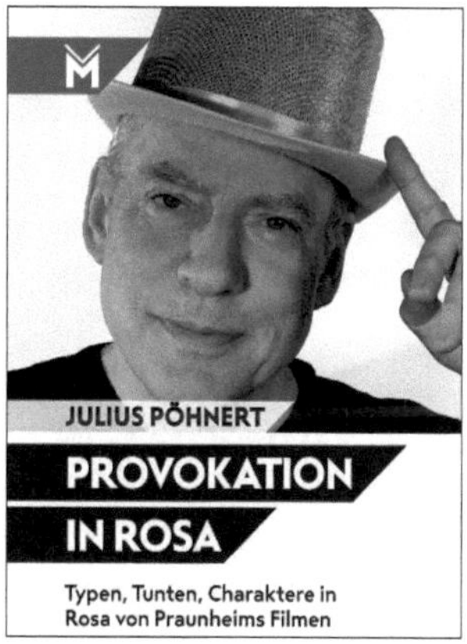

„Wer bitte ist denn Rosa von Praunheim?“ Das ist eine der am häufigsten gehörten Fragen, wenn man eröffnet, dass man sich mit den Werken eines der produktivsten deutschen Filmemacher beschäftigt. Einigen mag Rosa von Praunheim noch für seine frühen Skandalfilme Die Bettwurst und Nicht der Homosexuelle ist pervers, sondern die Situation, in der er lebt (beide 1971) bekannt sein oder für seine provokanten Auftritte und das Promi-Outing Anfang der 1990er.
Dabei hat sein umfangreiches Werk von inzwischen über 80 Filmen einen bleibenden Eindruck in der deutschen Filmlandschaft weit über die Schwulenszene hinaus hinterlassen – mitunter freilich subtil und unbewusst. Im Kampf gegen bürgerliche Konventionen und Sehgewohnheiten schafft Rosa von Praunheim unbequeme, aufregende und nervenaufreibende Filme, deren Themen besonders heute, in einer scheinbaren Renaissance der Spießigkeit, von ungeminderter Aktualität sind.
Provokation in Rosa von Julius Pöhnert – eine der wenigen Publikationen über von Praunheims Œuvre – bietet im umfassenden Blick auf sein Filmschaffen eine Gesamtschau über Themen, Arbeitsweisen und Vielseitigkeit einer der streitbarsten Persönlichkeiten der deutschen Filmszene.

Über den Autor:

In Berlin geboren und in Hamburg aufgewachsen, studierte Julius Pöhnert Mediendramaturgie (Film und Theater) an der Johannes Gutenberg-Universität Mainz. An der Ball State University in Muncie, Indiana, entstanden erste eigene Filmprojekte. Nach einigen redaktionellen Arbeiten sowie als Produktionsassistent fürs Fernsehen mehrere Jahre Regieassistent und Abendspielleiter bei verschiedenen Theaterproduktionen. Derzeit umsegelt er als Theatermanager auf Kreuzfahrtschiffen die Welt.

Henriette Nagel: ***Zukunft war gestern. Zeitreisemodelle im Film.***
Ca. 96 Seiten, einige Abbildungen, viele Schaubilder.
E-Book: 9,99 Euro; Print: 12,90 Euro.

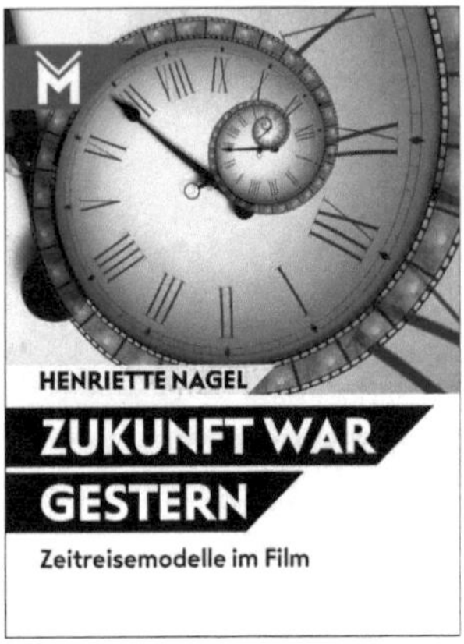

Was haben Schwarze Löcher, Gendefekte, Sportwagen und Telefonzellen gemeinsam? Sie alle ermöglichen Reisen durch die Zeit – zumindest auf der Kinoleinwand. In diesem Buch treffen Filmwissenschaft und Astrophysik aufeinander. An einer Vielzahl klassischer Zeitreisefilme zeigt Medienwissenschaftlerin Henriette Nagel auf, welchen Einfluss die Erkenntnisse von Albert Einstein, Stephen Hawking & Co. auf die lange Tradition des Zeitreisekinos haben – unter anderem an Beispielen von DIE ZEITMASCHINE und PLANET DER AFFEN über ZURÜCK IN DIE ZUKUNFT, TWELVE MONKEYS und DONNIE DARKO bis hin zu BUTTERFLY EFFECT, HARRY POTTER UND DER GEFANGENE VON ASKABAN und STAR TREK.
Denn was geschieht mit der Gegenwart, wenn die Vergangenheit im Nachhinein geändert wird? Zwischen Parallelwelten und selbstkonsistenten Universen erfahren Sie, warum Marty McFly sich beinahe in Luft aufgelöst hätte, wieso Captain Kirk ohne seinen Vater aufwachsen musste und wie Harry Potter sich während einer Zeitreise selbst das Leben retten konnte.

Über die Autorin:

Henriette Nagel erwarb ihr Abitur im Jahr 2008 und absolvierte im Anschluss ein Freiwilliges Soziales Jahr im Wallraf-Richartz-Museum & Fondation Corboud in Köln. Den Schwerpunkt ihres darauf folgenden Studiums der Medien- und Kulturwissenschaften an der Heinrich-Heine-Universität Düsseldorf legte sie auf Filmforschung sowie Kinder- und Jugendliteratur. Seit ihrem Studienabschluss im Jahr 2012 arbeitet Henriette Nagel als freischaffende Autorin, Fotografin und Grafikdesignerin.